KB073573

슈퍼모닝

매일 아침 내 삶을 리부팅하는 시간

슈퍼모닝
SUPER
MORNING

여주엽 지음

21세기북스

인생에도 성장 퀘스트가 있다면 어떻게 공략할까

우리는 구조화되지 않은 세상을 살고 있다

몇 년 전쯤에 '욜로YOLO'라는 단어가 유행했다. 'You Only Live Once'의 약자인 욜로는 한 번뿐인 인생이니 현재의 행복에 집중하라는 의미지만, 언제부턴가 내일이 없는 것처럼 멋대로 살라는 뜻으로 쓰이기 시작한 것 같다. 나도 스무살 즈음에는 하고 싶은 일을 다 하면서 살았던 시기가 있었다. 대학에 들어와 해방감이 크다 보니 해야할 공부는 뒷전이 되고 밴드부, 미술, 레저 스포츠 등 각종 동아리 활동을 닥치는 대로 했다.

그러다 보니 어느 순간부터인가 정신없이 시간에 쫓기는 신세가 되어 있었다. 하고 싶은 일을 다른 하고 싶은 일이 방해해서 결국 제대로 집중할 수 있는 건 아무것도 없었다. 이렇게 계획 없이 움직이는 것이 정말 재미있게 사는 삶인가? 오히려 우선순위를 정하고 목표에 따라 체계적으로 할 일을 해내는 것이 결과적으로 내가 원하는 삶에 더 가까워지는 방법이 아닐까? 우리의 인생은 한 번뿐이다. 그것을 어떻게 원하는 모습에 가깝게 만들어가느냐가 어쩌면 욜로의 진정한 의미인지도 모른다.

우리의 삶이 단 하나의 이야기라고 가정하고, 그 이야기를 한 권의 책으로 완성시키려 한다고 생각해보자. 앞에서부터 순서대로 술술 써내려갈 수 있는 글도 있겠지만 어떤 글은 재미있다고 생각하는 농담을 자주 반복할 수도 있고, 또 어떤 글은 앞에서 했던 말과 모순되는 말을 뒤에서 할 수도 있을 것이다. 책에서 하고 싶은 이야기가 다양해지고 분량이 늘어날수록 전체적인 구조를 머릿속에서 정리하기는 어려워지고 변수 또한 많아질 수 있다. 그렇다면 제대로 정돈된 하나의 이야기를 완성하기 위해서는 어떻게 해야 할까. 일단 책의 전반적인 구조와 목차를 구성해봐야 할 것이다. 설령 이를 점차적으로 수정해가더라도 어떤 글을 쓸 것인지 미리 계획하는 것과 계획이 전혀 없는 것은 완전히 다른 결과를 향해 나아갈 수밖에 없다.

우리가 실제로 살아가는 이 세상은 어떨까? 세상은 여러 가지 요소와 변수가 넓게 펼쳐져 있는 거대한 도화지나 마찬가지다. 대부분의 사람이 정해진 루틴 없이 살고 있으며 언제 어디서 무슨 일이 생길지 모른다. 학업을 하다가 갑자기 넷플릭스를 켤 수도 있고, 아침에 일어나 직장에 출근하다가 어느 날 퇴사한 후 올빼미족이 되어버릴 수도 있다. 다시 말해 우리는 구조화되지 않은 다변적인 세상에서 살고 있다. 우리가 선택할 수 있는 크고 작은 길이 온갖 방향으로 뻗어 있는데, 우리의 선택이나 노력이 언제나 순차적으로 그다음 단계에 차곡차곡 이르는 것은 아니다. 그런데 목적 없이 빗물처럼 흐르고 고이면서 살고 싶은 사람은 없을 것이다. 하다못해 더 좋은 집에서 살고 싶다, 더 많은 돈을 벌고 싶다는 바람을 가지고 있다면 그 방향을 향해서 걸어가야 하지 않겠는가.

따라서 우리는 구조화되지 않은 세상에서 직접 내 삶을

구조화하기 위해 움직일 필요가 있다. 그리고 자신의 삶을 원하는 모습으로 디자인할 수 있는 구체적인 방법도 필요할 것이다. 이때 원하는 목표와 방향을 설정한 뒤 그것을 실제로 성취해나가는 과정이 바로 계획이다. 물론 계획이 언제나 계획한 대로 이루어지는 것은 아니지만, 또한 계획에 어긋났다고 해서 낙담할 필요도 없다. 그 목표와 방향을 인지하고 있는 상태에서 계속해서 계획을 조정해 나아가면 되기 때문이다. 계획이 아예 사라지지만 않는다면 여전히 우리는 자신만이 쓸 수 있는 단 하나의 멋진 이야기를 완성해나가고 있는 셈이다.

지키지 못하는 계획도 필요한 이유

나는 유튜브 '올블랑 TV'를 시작하기 전에 무기를 개발하는 국가 연구소에서 일했다. 전투기를 개발하는 과정에서는 전투기의 미사일이 목표로 하는 곳까지 날아갈 수 있도록 항로를 설정하고 이를 시뮬레이션해볼 때가 있다. 미사일이 날아가야 하는 항로는 선으로 그려지는데, 미사일에 따라 다양하겠지만 실제로 미사일이 그 항로에 나란하게 날아가는 시간은 전체의 10퍼센트가 채 되지 않는다. 목표 지점을 향해 날아가는 동안 온도, 습도, 바람, 지형 변화 등의 환경적인 요소로 인해 100번도 넘게 정해진 항로를 조금씩 벗어나는 탓이다.

그래서 항로를 벗어날 때마다 날개를 움직이거나 추진력을 조정해서 다시 원래 항로에 돌려놓는 작업을 한다. 다만 매번 항로를 벗어날 때마다 즉시 작업하는 것이 아니라, 일정한 주기를 가지고 바로잡는다. 예를 들면 20초에 한 번씩 항로를 확인하고 수정하는 식이다. 매번 항로를 바로잡는 과정에서 큰 에너지가 소모되기도 하고, 애초에 이탈한 즉시 항로를 수정하는 것과 약 20초처럼 일정한 간격으로 작업하는 것의 결과값이 크게 다르지 않기 때문이다. 그래서 일정 주기마다 미사일의 항로를 확인하고 이를 올바른 위치로 되돌려놓는 것이다.

우리의 삶에서도 마찬가지다. 목표하는 지점이나 그곳에 이르기 위한 계획이 설정되어 있다고 해도 실제로는 항로를 벗어나게 되는 다양한 변수가 발생한다. 그러나 바쁜 일상 속에서 그때마다 즉시 계획을 수정하거나 변수에 대처하여 새로운 계획을 세우는 것은 현실적으로 어렵다. 이 때 우리가 해야 할 일은 항로를 약간 벗어나더라도 그것을 다시 원궤도에 올려놓는 것이다.

그렇다면 매일 하루의 계획과 한 달, 일 년, 십 년 후의 계획을 주기적으로 확인하고 조정할 수 있는 최적의 시간은 언제일까. 대부분의 사람들에게 주기적으로 일정하게 가용할 수 있는 시간은 바로 아침일 것이다. 자신의 의지로 수면 시간을 조절한다면 아침은 변수 없이 자유롭게 컨트롤할 수 있는 나만의 시간이 되기 때문이다. 20초마다 미사일의 항로를 확인하고 조정하는 것처럼 나는 매일 아침을 내 인생의 항로가 올바르게 가고 있는지 확인하고 조정하는 시간으로 정했다. 그리고 그 방향을 컨트롤하는 구체적인 계획과 방법을 바로 슈퍼모닝이라고 부르기 시작했다. 슈퍼모닝은 우리가 목표 지점을 똑바로 바라보며 그곳에 도달하게 하는 가장 효과적인 항로가 되어줄 것이다.

하루를 지키는
강력한 검(SWORD)이 되는 아침

　슈퍼모닝은 단순히 아침에 일찍 일어나서 남들보다 빠른 하루를 시작하라는 의미가 아니다. 이는 내 삶을 원하는 목표 지점에 도달하도록 만드는 실질적인 태도와 구체적인 방법에 관한 이야기다. 나는 매일 아침에 슈퍼모닝의 루틴을 진행하면서 마치 하나의 기업을 운영하는 CEO와 같은 관점으로 내 삶을 바라본다. 그리고 기업 비전을 위해 여러 개의 부서가 힘을 모으듯, 열두 명의 기사가 나라는 군주를 위해 내 삶을 카테고리로 나누어 관할한다는 개념을 적용했다. 슈퍼모닝의 아침 루틴은 다섯 단계의 앞 글자를 따서 'SWORD(검)'이라고 부른다. 대략적으로 먼저 소개하자면 다음과 같다.

Stretching : 스트레칭

아침에 눈 뜨자마자 침대 위에서 스트레칭을 한다. 스트레칭을 하는 이유는 아침에 일어나서 내 몸의 혈류량을 최대로 끌어올려 가장 좋은 컨디션을 만들기 위해서다. 자는 동안 근육이 뭉치고 뻣뻣해진 몸을 풀어주면서 혈류량을 증가시켜야 빠르게 잠이 깨고, 그다음 활동을 하기 위한 최상의 몸 상태를 준비할 수 있다.

Workout : 몸에서 땀 내기

보통 아침에 직장에 출근하면 회사에 도착했을 뿐인데 이미 방전된 상태인 사람들이 많다. 그러다가 점심을 먹고 오후쯤 되어서야 비로소 컨디션이 좋아지면서 퍼포먼스가 나오기 시작한다. 그런데 출근 전 미리 짧은 운동으로 에너지를 끌어올리면 몸과 마음을 활성화시킨 상태에서 아침을 시작할 수 있다. 어쩔 수 없이 끌려가듯이 움직이는 게 아니라 운동을 통해 이미 최대로 끌어올린 에너지를 자연스럽게 발산하는 상태가 되는 것이다. 더불어 이처럼 기분 좋고 밝은 기운을 바탕으로 사람들을 만나고 일을 하면 안 될 일도 되는 신기한 경험을 하게 된다. 좋은 에너지는 주변까지 바꿔주는 힘이 있기 때문이다.

Oasis : 감사 일기

사막을 횡단하던 중에 불의의 사고로 표류되었다고 상상해보자. 음식과 물이 떨어진 채로 며칠을 헤매었는데 저 멀리에서 푸른 나무에 둘러싸인 맑은 호수가 나타난다면 어떤 생각이 들 것인가. 바로 감사의 마음일 것이다. 생사를 오가는 절박한 상황에서 오아시스를 만나는 행운처럼 일상 속에서도 감사한 일을 찾아 감사의 일기를 써보자. 처음에는 반복되는 하루 속에서 특별히 감사할 만한 일을 찾는다는 게 쉽지 않을 수 있다. 하지만 매일 아침에 잠깐씩 시간을 내어 떠올리는 것만으로도 관점이 바뀐다. 내 두 다리로 걸을 수 있다는 것, 누군가와 대화를 나누며 내 마음을 전할 수 있다는 것, 오늘 저녁 가족과 행복한 시간을 보낼 수 있다는 것 모두가 일상 속의 오아시스와 같은 감사한 순간이라는 것을 깨닫게 될 것이다.

Reading & Reflection : 독서 및 자신 돌보기

책을 읽고, 거울에 비치는 자신의 모습을 바라보듯 스스로를 반추해보는 시간이다. 책을 읽는 것은 세상의 다양한 영역에 대하여 지혜를 넓혀갈 수 있는 가장 쉬운 학습법이다. 내가 어떤 분야를 전공했다고 해서 다른 분야를 학습하지 않으면 복잡하고 다양한 세상에서 경쟁력이 떨어질 수밖에 없다. 만약 예체능을 전공했더라도 그걸 중심으로 인문계, 이공계 지식을 습득하는 것이 세상을 보는 균형 잡힌 시각을 만들어주고 발전적인 방향을 설정하는 데 큰 도움이 된다. 단순히 독서 행위에 그치지 말고 나의 삶에 대입하여 생각하면서 융합적인 사고력을 기르고 책 속의 지혜를 자연스럽게 내 것으로 만들어보자.

Design : 계획 세우기

내 삶을 디자인하는 단계로, 슈퍼모닝의 핵심이라고도 할 수 있다. 삶의 목표를 설정한 뒤에 이 목표에 다가가기 위한 하위 과업을 계획하는 시간이다. 나의 경우는 내 삶을 구성하는 요소를 중복과 누락 없이 크게 열두 가지의 카테고리로 나누어 관리한다. 각 카테고리에서는 삶의 전체 목표를 이루기 위한 각각의 작은 목표를 설정하고, 이를 담당하는 기사들은 목표를 달성하기 위해 다양한 과업을 해결하며 능력을 키워나간다. 마치 게임에서 최종 미션을 해결하기 위해 캐릭터를 레벨업하는 것처럼 말이다. 그래서 슈퍼모닝은 '나'라는 군주를 위해 일하는 열두 기사들과 논의를 나누는 매우 중요한 아침 회의 시간이기도 하다.

처음에는 삶을 구성하는 카테고리를 나누어 기사들에게 임무를 부여하는 것에 앞서, 당장 목표를 설정하는 것부터 어렵게 느껴질 수 있다. 자신의 강력한 동기가 되어줄 수 있는 목표를 구체적으로 설정하고 이를 단계별로 계획해 이루어가는 방법인 '8M'에 대해서는 뒤에서 더 자세히 소개하겠다.

이 다섯 가지의 루틴은 우리의 매일 하루를 지켜내는 든든하고 강력한 검이 되어줄 것이다. 그저 아침에 눈을 뜨고 흘러가는 대로 하루를 살아가는 사람과 슈퍼모닝을 통해 내 삶의 항로를 확인하고 정확히 검을 뻗으며 나아가는 사람은 각기 어떤 길을 걷게 될까?

지금 당장은 큰 차이를 느끼지 못할 수도 있지만, 분명한 건 이들이 5년, 10년 후에 도달하게 될 지점은 크게 다를 수밖에 없다는 점이다. 자기 자신의 몸과 마음을, 그리고 목표를 매일 들여다보고 점검하는 사람은 자신만의 구조화된 설계도를 갖게 된다. 내 경험을 바탕으로 분명히 확신하건대, 이러한 슈퍼모닝이 이끌어낼 수 있는 변화는 결코 작지 않다. 매일 아침의 작은 과업과 성취가 모여 상상 이상의 변화를 맞이하게 될 자신의 미래를 결코 의심하지 않길 바란다. 적어도 우리는 이제 자신이 무엇을 위해서 오늘 하루를 열심히 살아내야 하는지 알게 될 것이다. 그것이 바로 목표에 닿는 길의 시작점이다.

슈퍼모닝을 시스템화하다

많은 사람이 현재의 삶을 조금 더 나은 방향으로 바꿔가고 싶어 한다. SNS를 들여다보며 나와는 한참 동떨어진 세계에 살고 있는 듯한 누군가의 삶을 동경하기도 한다. 그러면서도 우리는 지금까지 벼룩이 상자에 갇혀 더 높은 곳으로 뛰어오르지 못하는 것처럼 스스로의 한계점을 긋고 안주하며 살아가고 있는지도 모른다. 원하는 것을 체념하거나 더 바라는 것은 욕심이라고 자기 위안하면서 말이다.

나 역시 그랬다. 하지만 나만의 슈퍼모닝 루틴을 찾으면서 그것이 내 삶을 어떻게 바꾸었는지 생생하게 경험한 후에는, 내가 지금보다도 더 잘할 수 있고 더 앞으로 나아갈 수 있다는 자신감을 가지게 됐다. 그리고 내가 깨달은 슈퍼모닝의 놀라운 가능성과 그 방법을 최대한 구체적으로 정리해야겠다고 생각했다.

슈퍼모닝은 과감하게 자신의 한계를 벗어나 목표를 재정의하고, 그 목표에 맞게 노력할 수 있도록 현실적인 도움을 주는 하나의 시스템이다. 지금 내 삶에서 추구하는 지향점을 따라 목표를 세울 수 있게 도와주는 이정표다. 그뿐만 아니라 목표를 이루기 위해 일관성 있는 하루를 보낼 수 있도록 시간을 관리하는 방법을 알려주고, 동기를 부여하며, 지속 가능한 툴까지 제시한다.

Structured

Unique

Plan for

Energetic

Rise

SUPER

강력한 성장을 위한 자신만의 구조화된 계획법.

슈퍼모닝은 내가 정말 원하는 '이상적인 삶'을 구체화하고 실행하는 시간이 되어줄 것이다. 그리고 이는 우리가 속했던 구조화되지 않은 세상을 내 방식대로 구조화하여, 나를 둘러싼 세상이 온전히 내 편이 되는 듯한 놀라운 경험으로 이어질 것이다.

서문 인생에도 성장 퀘스트가 있다면 어떻게 공략할까

우리는 구조화되지 않은 세상을 살고 있다   5
하루를 지키는 강력한 검(SWORD)이 되는 아침   11

PART 1 내 삶을 바꾸는 아침 루틴, 슈퍼모닝

01. 새벽 4시, 아침 인사의 기적

8년간 이어진 새벽 4시 단톡방 인사   27
아침 루틴을 바꾸니 인생이 바뀌었다   33

02. 내가 새벽 4시에 하루를 시작하는 이유

아무도 방해하지 않는 나만의 사치스러운 시간   43
사유적·신체적·경제적으로 자유로워지는 시간   49
어제와 단절하고 한 걸음 더 나아가는 시간   55

03. 매일 일찍 일어나는 사람의 비밀

늘 결심해도 작심삼일이 되는 이유   62
강력한 동기를 찾는 다섯 가지 '왜'라는 질문   68
작은 성취의 경험이 큰 성취를 만든다   75

04. 세상에서 가장 공평한 건 시간이다

짧은 순간이 모여 내 삶이 된다   81
시간이 없다는 핑계 대신에 해야 하는 일   86

PART 2 매일 아침 내 삶을 리부팅하는 방법

01. 생산적인 아침을 위한 기초 설계

슈퍼모닝을 위한 마인드 세팅 3단계   93

밀도 있는 한 시간이 느슨한 10시간보다 낫다   99

초보자가 시작할 수 있는 한 시간 루틴, SWORD   104

인생을 디자인하는 가장 효율적인 시스템, 8M   113

✓ 슈퍼모닝 사전 체크 리스트   123

02. 짧은 시간에 효율적으로 하루를 계획하는 법

내 삶을 구성 요소별로 나눠보자   125

'나'라는 기업을 운영하는 대표가 되어야 한다   131

주인의식은 회사가 아니라 나에게 가지는 것   136

03. 인생을 어떻게 운영할 것인가

나는 어떤 부서로 이루어져 있을까   142

시작부터 대기업인 조직은 없다   148

성과를 측정할 수 있는 기준을 세워야 한다   154

성장의 속도는 모두 다르다   159

04. 계획을 점검하고 조정하는 과정, 트래킹

계획은 실패한 후가 더 중요하다　　　　　　　166

내가 매일 어디에 시간을 쓰는지 파악하라　　　172

트래킹 그래프가 말해주는 것들　　　　　　　177

PART 3　지속 가능한 슈퍼모닝 시스템

01. 같은 일을 매일 반복할 때 생기는 힘

나의 습관이 곧 나의 정체성이다　　　　　　　189

매일 같은 일을 할 때 찾아오는 자동화의 기적　　195

의지가 부족하다면 환경을 만들어라　　　　　　200

02. 상태창으로 관리하고 퀘스트로 레벨업하라

정량화를 통해 추세를 확인하는 방법　　　　　206

능력치를 확인하는 상태창을 만들어라　　　　　212

게이미피케이션을 활용한 레벨업의 기술　　　　218

03. 지속적인 성장의 발판

학습의 가치, 새로운 것을 창출하는 단계   225

책에 담긴 삶의 정수를 내 것으로 만드는 방법   231

양날의 검이 될 수 있는 도구, 아웃소싱   237

목표 조정과 조직 개편의 시기   243

04. 슈퍼모닝, 삶의 가이드라인을 찾는 도구

사람에게도 도큐멘테이션이 필요하다   249

하루에 한 번, 내 삶을 체크하는 주기   254

메타 인지를 통한 폭발적인 성장   259

PART 1

내 삶을 바꾸는
아침 루틴,
슈퍼모닝

01.

새벽 4시,
아침 인사의 기적

8년간 이어진 새벽 4시 단톡방 인사

새벽 4시. 내가 아침을 시작하는 시간이다. 일어나자마자 가벼운 스트레칭과 운동을 한 뒤 바로 책상 앞에 앉는다. 지난 하루를 돌아보며 감사 일기를 쓴 다음, 차분한 마음으로 책을 펼쳐 읽는다. 그리고 어제의 계획을 점검한 뒤 오늘의 계획을 세운다. 그러고 나면 그제야 세상이 막 깨어나는 시간이다.

이렇게 남들보다 조금 빨리 시작해 하루를 계획하는 매일 아침의 루틴을 나는 '슈퍼모닝'이라고 부른다. 나만의 오래된 아침 습관을 2016년부터 인스타그램에 꾸준히 포스팅하기 시작했고, 지금은 520여 개가 넘는 게시물이 쌓였다.

2016년도에 나는 한 남성 매거진에서 주최하는 직장인 운동 대회에 선발되어 매 주말마다 멤버들과 모여 다양한 활동을 하고 있었다. 아침 9시부터 저녁 8시까지 종일 광고 촬영도 하고 각종 행사에 참여하기도 하는 모임이었다. 어쩌다 보니 내가 그 기수에서 회장을 맡게 되었는데, 다들 운동을 좋아하고 자기 계발에 관심이 있는 멤버들이라 아침에 일어나면 하루를 깨우는 의미에서 그 30여 명이 있는 단톡방에 매일 아침 인사를 건넸다.

처음에는 다들 어떻게 새벽 4시마다 꼬박꼬박 일어나느냐며 신기해하거나 한편으로는 진짜 그 시간에 일어나는 게 맞느냐고 의아해하는 반응이었다. 그런데 시간이 지나자 어느새 나의 아침 루틴을 함께 따라하는 멤버들이 생겼다. 어떨 때는 나보다 더 빨리 일어나겠다고 경쟁적으로 더 이른 시간에 아침 인사를 남기기도 하고, 누군가는 목표를 달성하기 위한 동기 부여 차원에서 새벽에 일어나 슈퍼모닝을 시작하기도 했다. 물론 6개월 이상 지속하지 못하고 일종의 감기처럼 스쳐지나가는 경우가 대부분이었지만 말이다.

그런데 당시에 안타깝게도 우리 기수 중 한 명이 사고로 세상을 떠나는 일이 있었다. 모임은 시간이 지나면 와해되기 마련인데, 우리 모임에서 그 친구를 평생 잊지 않고 기억할 수 있었으면 좋겠다는 생각이 들었다. 그래서 기수 활동은 끝났지만 그 이후에도 변함없이 지금까지 단톡방에 매일 새벽 4시의 인사를 이어가고 있다. 덕분에 모임이 흐지부지하게 없어지지 않고 지금까지도 그때의 에너지가 이어지고 있는 듯한 느낌이 든다. 나뿐만 아니라 그중 8명 정도는 아직까지도 새벽 4시에서 6시 사이에 늘 루틴처럼 아침 인사를 남긴다. 이제는 나를 따라 하기 위한 것이 아니라, 각자 효능감을 느끼고 슈퍼모닝을 실행하며 이를 모두와 공유해주고 있는 것이다.

나의 아침을 공유하다

그 무렵에 처음 인스타그램 계정도 만들었다. 보람찬 아침을 보냈다고 말로만 이야기하는 것이 아니라 있는 그대로 한 시간 동안의 타임랩스를 찍어 올렸다. 미적 콘텐츠로

가공하지 않고 바로 올리는 것은 쉽고 간단하기 때문에 매일 포스팅하는 것도 어렵지 않았다. 그렇게 단톡방의 30명에게 하던 아침 인사를 전 세계인에게 공유하기 시작했다.

어느덧 새벽 4시마다 아침 인사를 남기기 시작한 지 8년이 됐다. 내가 해외 출장을 가지 않는 이상 매일 반복하다 보니, 현재까지 인사를 빠뜨린 날은 열흘도 채 되지 않는다. 단톡방 멤버들이 그랬듯이 인스타그램에서도 처음에는 나의 규칙적인 슈퍼모닝 루틴에 대하여 의구심을 갖는 사람들이 많았다. "아침에 일어나는 거 맞아? 밤새 술 마시고 잠들기 전에 인사하는 거 아니야?" 혹은 "새벽 4시에 영상 찍고 다시 잠드는 거 아니야?" 하고 말이다.

그런데 이 패턴이 8년쯤 반복되면 사람들도 이런 생각을 한다. 설령 새벽 4시까지 술을 마시고 아침 인사를 하는 거라고 해도, 새벽에 영상을 찍어 업로드하고 다시 잠드는 거라고 해도 그걸 8년이나 한다는 건 대단한 일이라고. 그러다 보니 언젠가부터는 나를 가까이서 지켜보던 친구들도 내가 하는 일에는 신뢰를 가지고 기꺼이 동참해주게 되었고, 사업을 시작할 때도 지금의 공동 창업자들이 선뜻 함께해주었다. 나중에 얘기를 들어보니 내가 무슨 일을 할 때 성실함에 대해서는 의심할 필요가 없다고 생각했다고 한다.

심지어 언제부터인가 SNS에서도 '#슈퍼모닝'과 '#SuperMorning' 해시태그를 함께 쓰는 사람들이 생겨났다. 나의 아침을 보여주는 것만으로도 자신의 삶을 더 생산적으로 바꾸고 싶다는 동기 부여를 받는 사람들이 있다는 것을 그때 느꼈다.

실제로 나는 수천 번의 슈퍼모닝을 통해서 내 삶을 설계하고 가장 효율적으로 관리하는 법을 깨닫게 됐다. 슈퍼모닝은 단순히 아침 잠을 줄이고 그 시간을 생산적으로 보내야 한다는 의미의 모닝 루틴과는 조금 다르다. 핵심은 아침에 일어나는 것 자체가 아니라, 그 시간에 오늘 하루, 일주일, 한 달, 일 년 이상의 계획을 세우고 실행해가는 것이다. 이 시간을 어떻게 활용하느냐에 따라서 나의 하루는 물론이고 인생이 완전히 달라진다는 것을 나는 분명히 경

험해왔다. 이 책에서는 나와 함께 조금 이른 아침을 시작
하고자 하는 분들에게 삶을 변화시키는 리부팅의 시간 '슈
퍼모닝'의 노하우를 남김없이 공유하고자 한다.

아침 루틴을
바꾸니 인생이
바뀌었다

　지금은 206만 구독자의 운동 크리에이터이자 세상을 더 건강하고 좋은 방향으로 바꿔가는 데 기여하고 싶다는 비전 아래 회사를 운영하는 CEO가 되었지만, 30대 초반까지 내 삶은 지극히 평범했다. 부모님과 선생님이 이끌어주는 대로, 특별한 기준 없이 사회에서 '잘 사는 것'이라고 하는 경로를 따라 대학에서 산업공학을 전공하고, 대학원을 거쳐 정부 연구 기관 연구원으로 일했다.

　그런데 이처럼 사회의 안전한 컨베이어 벨트 위에서 만들어진 삶이 내가 생각하는 이상적인 삶은 아니라는 생각이 점점 커져갔다. 번듯한 직장에 다니며 안정적인 생활을 누리는 것만으로도 언뜻 무난하게 성공한 삶처럼 보이지만, 실은 대부분의 사람이 자신이 정말 원하는 것을 상당 부분 포기하거나 타협하면서 살고 있다. 경제적인 문제도 있을 것이고, 시간이나 건강 혹은 사람 간 관계에서의 제약도 우리가 진정 원했던 것을 일정 부분 체념하게 만들었을 것이다. 사회는 그것을 '어른스럽다'고 표현했고, '다들 그렇게 산다'고 일축했다.

하지만 나는 내가 원하는 것이 무엇인지 알고 싶었고, 나에게 있어 이상적인 삶에 대해서도 재정의하고 싶었다. 내가 원하는 삶의 기준점을 사회가 우리의 재산, 학력, 직업 등을 고려하여 '현실적으로 가능한 수준'이라고 허락하는 한도 내에서 설정하고 싶지는 않았다. 언뜻 불가능해보이는 큰 꿈이라고 하더라도 무엇도 포기하거나 체념하지 않고 내가 원하는 것을 또렷하게 바라보고 싶었다.

애초에 한 사람이 세상에 태어났을 때 부모님은 이 아이가 이 세상의 어떤 것도 될 수 있고 무엇이라도 할 수 있다는 것을 믿어 의심치 않는다. 모든 인간은 불가능하다는 한계보다 할 수 있다는 가능성을 훨씬 더 크게 지니고 태어난다. 마치 차고에서 시작된 작은 아이디어가 유니콘 기업으로 성장하기도 하듯이 말이다. 나는 개인의 삶도 마찬가지라고 생각했다. 어떤 조직이나 기업, 국가가 만들어가는 커다란 비전이 한 사람이 가질 수 있는 비전의 크기와 다를 이유가 있을까? 그렇다면 필요한 것은 어떻게 가장 분명하고 효율적인 경로를 통해 그 꿈과 비전에 다가갈 수 있겠는가 하는 방법뿐이다.

보다 나은 내일의 나를 위하여

나 역시 해가 중천에 뜰 때까지 늦잠을 자거나 아예 올빼미족처럼 밤낮을 바꾸어서 생활했던 시기가 있었다. 그런데 아침 시간이 내 삶을 바꿀 수 있다는 가능성에 대하여 처음 영감을 받았던 계기가 하나 있다.

대학교 3학년 때쯤 학점 교류가 가능한 미국 대학에 여름 계절 학기를 들으러 갔다. 그때 내 미국인 룸메이트는 굉장히 잘 놀고 사교적인 친구였는데 심지어 공부까지 잘해서 무척 인기가 많았다. 믿을 수 없게도 얼굴까지 잘생겼다. 덕분에 우리 방에는 친구들이 수시로 놀러와 항상 북적거렸다. 나도 친구들을 만나거나 다양한 동아리 활동 하는 걸 좋아하는 외향적인 성격이라 자연스럽게 룸메이트와 함께 바쁜 일상을 보내고 있었는데, 문제는 그러다 보니 학업에 집중이 통 안 되는 것이었다. 룸메이트는 나랑 똑같이 놀고, 더 많은 외부 활동을 하는데 어떻게 성적이 그렇게 좋을 수 있는지 놀라웠다.

하루는 새벽에 잠들어 있는데 갑자기 침대가 마구 흔들렸다. 누가 장난을 치는 줄 알고 하지 말라고 웅얼거리며 부스스 눈을 떴는데, 아래층 침대를 쓰던 룸메이트가 어두운 방안에서 작은 조명을 켜고 책을 읽다가 눈을 동그랗게 뜨고 나를 올려다보는 것이었다. 자기도 무슨 상황인지 모르겠다는 표정이었다. 알고 보니 그날이 LA에 강진이 일어난 날이었다. 다행히 큰일은 없었지만, 그때 처음으로 그 룸메이트가 새벽에 일어나 공부를 한다는 사실을 알게 됐다. 직접 물어보니 아침마다 빼먹지 않고 일어나 성경이나 학과 공부를 한다고 했다.

아무 의미 없이 흘려보내던 아침 시간을 누군가는 온전히 자신을 위해 쓰고 있었다는 사실이 나에게는 신선한 충격이었다. 그때부터 바로 일찍 일어나는 습관을 들이게 된 것은 아니지만 나 역시 조금씩 아침 시간을 활용하려는 노력을 하게 되었다. 그러면서 당시 계절 학기 과목의 한 테스트에서는 80명 중에 1등을 하는 결과를 얻기도 했다. 어떤 행동을 시작하고 실제로 결과가 바뀌는 것을 경험하고 나니 아침 시간을 허투루 흘려보내기가 점점 더 아까웠다.

그런데 막상 의욕을 가지고 아침에 일찍 일어난다고 해도 아무 할 일 없이 그냥 깨어 있는 것은 생각보다 힘든 일이다. 학생 때는 공부를 했다지만 학교를 졸업하고 나서는 자연스레 아침 시간에 무엇을 할지 다시 생각해보게 됐다. 처음에는 하루 계획을 세우는 일부터 시작해서 앞으로의 인생 계획을 세웠고, 점차 체계가 갖춰지며 지금과 같은 슈퍼모닝 시스템을 만들기에 이른 것이다. 그리고 본격적인 슈퍼모닝을 실행해가면서 내가 원하는 이상적인 삶을 살아갈 수 있다는 확신은 점점 더 커져갔다. 아침에 일찍 일어나겠다고 결심하고 그것을 매일, 매달, 매년 꾸준히 지킨다는 것 자체가 자기 효능감을 높여준다. 이러한 일을 반복하며 나는 무엇이든 할 수 있다는 자신감을 가지게 됐고, 이 자신감은 실제 내 삶의 과업을 실행할 때도 영향을 미쳤다.

그렇게 슈퍼모닝을 통해 정성적으로 생각보다 많은 일상의 문제들을 유연하게 해결할 수 있다는 것을 경험했고, 정량적으로는 측정할 수 있는 목표들을 카테고리화하여 경제적, 신체적, 정신적, 사회적인 가치를 만들어갈 수 있다는 것을 알게 됐다. 결과적으로 내가 사는 전체 삶의 각 분야뿐 아니라 함께 살아가는 사람들과의 관계까지도 내가 추구하는 방향성을 따라 발전적으로 만들어갈 수 있다는 것을 체감하게 된 것이다.

나를 믿는 첫 번째 사람은 나여야 한다

미국 교환학생 당시 룸메이트였던 인기 많은 친구는 졸

업하면 백악관에서 일하고 싶다고 했다. 나에게도 꿈이 뭐냐고 묻길래 "나는 그렇게 큰 꿈은 못 꾼다"고 하면서, 그래도 굳이 말이라도 해보자면 나사NASA(미 항공 우주국)에서 일하고 싶다고 대답했다. 그때 친구가 의아해하면서 했던 말이 기억 난다. "왜 그걸 꿈꿀 수 없는 일이라고 생각해? 바라는 대로 계획 세우고 해나가면 되지." 본인 역시 바라는 대로 백악관에서 일하게 되리라는 것을 전혀 의심하지 않는 얼굴이었다.

엄두가 나지 않는 큰 꿈이라고 생각했는데, 쉽게 생각하면 못 할 것도 없겠다는 생각이 처음으로 들었다. 결국 나사에 가지는 못했지만 한국에서 비슷한 역할을 하는 기관에서 일하게 됐으니 나로서는 목표에 매우 근접하게 다가갔다고 생각한다. 연구 기관에서 일하는 동안 그곳으로 이직해온 나사 직원들도 있었다. 나사에서 일했던 사람들과 내가 같이 일하고 있다는 사실을 깨닫는 순간 문득 소름이 돋았다. 이후에는 미국으로 교환 연구원을 가게 된 적이 있는데, 그곳에서도 나사에서 일했던 박사들과 함께 일했다. 그러면서 가끔씩 그 친구의 생각이 났다. 당시 나의 가능성을 새롭게 바라본 일이 내 삶을 보다 의미 있게 변화시킨 것이 아닐까.

과연 우리가 이룰 수 없는 꿈이라는 게 있을까? 슈퍼모닝을 통해 자신의 삶을 발전적인 방향으로 설계해가기로 결심했다면 그 과정에서 우리는 자신의 가능성을 의심하지 않아야 한다. 우리는 '그게 현실적으로 가능해?'라는 의구심을 던지며 자신의 생각과 아이디어에 한계를 짓는 우를 범할 때가 많다. 그러나 지구상에 존재해온 모든 인류의 삶은 모두 다 현실이며, 그중 누군가가 내가 그리는 삶을 살고 있다면 그 역시 인간이 도달할 수 있는 현실이다. 조금 더 나아가 그 이상의 목표를 갖는다고 한들 그것이 실현 불가능한 비현실이라고 누가 단정할 수 있을까? 이상적인 목표도 아침 시간의 기적을 통해 견고한 과정을 만들어간다면 충분히 이뤄낼 수 있다.

물론 우리가 살아가는 사회는 꿈과 희망이 가득한 동화가 아니라 현실적인 경쟁 사회다. 원하는 비전에 더 가깝게 도달하기 위해서는 막연하게 할 수 있다는 긍정적인 마인드를 갖추는 데 그쳐서는 안 된다. 이를 가능케 하는 시스템을 최대한 빠르게 만들고 적용하는 사람이 늦게 시작하는 사람보다 유리할 수밖에 없다. 즉 먼저 시작한 만큼의 복리를 더 굴려가는 셈이다. 그럼 우리에게 남은 인생에서 가장 빠른 시간이 언제인가? 바로 지금이다. 아직까지 내 삶을 움직이는 시스템을 가지고 있지 않았다면 바로 지금부터 시작해야 한다.

우리의 어떤 변화나 행동은 반드시 크고 작은 결과를 낳는다. 정말 슈퍼모닝이 내 삶을 바꿀 수 있을지 의심하면서 아무것도 하지 않는 것보다는 일단 해보는 것이 낫다. 하루를 헛되이 흘려보내지 않고 내가 원하는 방향을 정확히 바라보며 한 걸음이라도 내딛는 것은, 그저 부지런하고 생산적인 태도를 갖춘다는 데 의미가 있는 것이 아니다. 궁극적으로 내 삶을 더 아끼고 사랑하는 방법이다. 내게 주어진 소중한 시간을 더 행복한 방향으로 이끌어가는 경험을 하고 나면 누가 시키지 않아도 어느새 새벽에 눈을 뜨고 어제보다 나은 오늘을 맞이하는 자신을 발견하게 될 것이다.

02.

내가 새벽 4시에
하루를 시작하는 이유

아무도 방해하지 않는 나만의 사치스러운 시간

슈퍼모닝은 단순히 말하면 아침에 일찍 일어나 하루를 준비하는 루틴이지만, 그 진정한 의미는 아침에 일찍 일어나는 것 자체에 있지 않다. 슈퍼모닝은 자신의 삶을 주도적으로 이끌어가는 힘이고, 삶을 소중하게 여기는 태도이며, 더 생산적이고 발전적인 삶을 살기 위한 효용성을 갖는 실질적인 방법론적 시스템이다.

이 정의를 잘 들여다보면 의문이 생길 것이다. 굳이 아침이 아니어도 된다면 애초에 왜 '슈퍼모닝'이라는 이름을 붙이고 아침을 활용하라고 추천하는 것인가. 그 이유는 단순하다. 현대인 중에서 낮이나 저녁 시간에 무언가를 지속적으로 꾸준히 할 수 있는 사람이 얼마나 될까? 보통 오후 시간은 너무 유동적이기 때문에 규칙적인 시간을 온전히 만들어내기가 어렵다. 슈퍼모닝에서 중요한 건 단순히 아침에 일찍 일어나는 것이 아니라 '이것을 얼마나 일관적으로 해낼 수 있는가' 하는 부분이다.

연초에 야심차게 세운 계획이 몇 달만 지나도 가물가물해졌던 경험이 있을 것이다. 계획을 세우는 것이 전부가 아니기 때문에 우리는 그것을 지속적으로 인지하고 재조정해나가야 한다. 그런데 사람은 자연스럽게 매일 무언가를 망각하기 마련이다. 19세기 후반에 독일의 심리학자 헤르만 에빙하우스H. Ebbinghaus는 시간 경과에 따라 나타나는 일반적인 망각의 정도를 망각 곡선 가설Forgetting Curve Hypothesizes을 통해 제시했다.

이 그래프는 기억을 유지하려는 추가적인 시도, 즉 의식적인 반복 학습이 없을 경우 시간이 지남에 따라 발생하는 기억의 손실 정도를 보여준다. 연구에 따르면 보통 학습 직후 20분 내에 41.8퍼센트로 가장 많은 양의 망각이 발생

슈퍼모닝

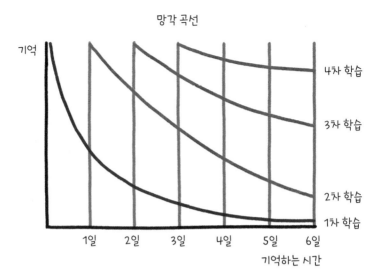

망각 곡선

한다고 한다. 에빙하우스는 기억을 오래 유지하기 위해서
는 반복 학습과 더불어 일정한 시간 간격을 두고 규칙적으
로 여러 차례에 걸쳐 분산 학습하는 것이 효과적이라고 주
장하기도 했다.

슈퍼모닝은 우리가 삶의 계획을 다루는 주기를 적어도
매일 아침으로 정하여 반복하자는 것이다. 매일 다뤄주지
않으면 결과적으로 우리가 수행하고 있는 과업에 대한 기
억을 조금씩 손실하게 되고 급기야 항로를 잃게 될 수 있

기 때문이다. 즉 중요한 것은 '규칙적으로 지속하는 일'이다. 무엇을 규칙적으로 한다는 것은 엄청난 인내심을 필요로 한다. 출장이나 야근, 저녁 약속 등 유동적인 변수를 조절해 나가면서 같은 일을 지속한다는 것은 거의 불가능하다. 결국 하루 중에서 변수가 거의 없고 완전히 집중할 수 있는 시간은 아침뿐이다. 나 역시 일상적인 스케줄 속에서는 물론이고 출장이나 휴가를 가서도 슈퍼모닝은 빼놓지 않는다. 어떤 예기치 못한 일이 생겨도 아침만은 온전한 내 것이기 때문이다. 물론 사람마다 생활 패턴이 다르기 때문에 밤 시간을 더 규칙적으로 사용하는 올빼미 유형도 있겠지만, 기본적으로 보편적인 근로자들의 경우에는 아침 시간을 활용하는 것이 효과적일 것이다.

아침을 온전히 활용한다는 것

나는 처음에 슈퍼모닝을 아침 6시쯤 시작해서 한 시간 정도 진행했다. 그땐 이 시간을 주로 책을 읽으며 학습을 하거나 운동을 하는 것으로 활용했다. 안 하던 것을 새로 시작하는 일은 당연히 누구에게나 어렵다. 하지만 '나랑은 안 맞는 것 같다'고 포기하지 말고 일단 이 시간이 무조건 나에게 도움이 된다는 사실을 믿고 지속하면서 방법을 찾아나가야 한다. 나도 일단은 무작정 일찍 일어나는 걸 목표로 삼아 반복하다 보니 어느 순간부터 습관으로 자리 잡기 시작했다.

어떻게 보면 가장 쉽게 나의 삶에 녹여낼 수 있는 좋은 습관 중 하나가 바로 아침 시간을 온전히 활용하는 것이다. 평소에 자신이 일어나자마자 무엇을 하는지 한번 생각해보자. 일어나자마자 시간에 쫓겨 정신없이 출근해서 결국 오전 시간을 정리되지 않은 혼돈 속에서 보내고, 오후는 피곤한 상태로 녹초가 되어 퇴근해 무기력하게 잠드는 일상을 반복하고 있지 않은가.

실제로 아침에 일어나려고 알람을 열 번씩 껐다 켰다 반복하는 사람과 졸음을 누르고 바로 일어나서 오늘 할 일을 정리하는 사람 중에서 누가 더 피곤할까. 알람을 열 번씩 껐다 켜는 동안에 어차피 제대로 된 수면을 취하기는 어렵다. 침대에는 더 오래 있었지만 일어나기 싫다는 불안과 저항감 때문에 오히려 하루가 더 피곤해질 가능성이 높다.

의도적으로 자신의 삶을 정신없고 피곤한 채로 이어가고 싶은 사람은 없을 것이다. 이는 작은 노력으로 분명히 바꿀 수 있다. 평소보다 한 시간 정도 일찍 일어나 아침을 맞이하고 내 하루를 체크해볼 수 있는 시간을 갖는다면 나머지 하루를 훨씬 충만하게 보낼 수 있게 된다. 그런 아침을 쌓아나가면 시간에 끌려다니는 것이 아니라 내가 내 삶의 진정한 주인이 될 수 있을 것이다.

삶의 주도권을 갖고 나면 바쁘게 살다 보니 시간이 어떻게 흘렀는지 모르겠다고, 미래에는 또 어떻게 될지 모르겠다며 초조해 할 이유가 없어진다. 만약 하루라는 시간을 내 의지대로 기분 좋고 생산적으로 보내본 적이 없다는 생각이 든다면, 먼저 아침 시간을 내 것으로 만들어보자. 놀랍게도 이 아침 시간이 인생 전체를 바꾼다는 것을 어느새 선명하게 깨닫게 될 것이다.

사유적·신체적·경제적으로 자유로워지는 시간

　나에게 슈퍼모닝은 인생을 바꿔놓은 커다란 계기이자 또한 기회였다. 처음에는 아침 한 시간 동안의 루틴이었지만 지금은 새벽 4시 반에 일어나 두 시간 반 동안 나만의 시간을 가지고 있다. 힘들지 않느냐고 묻는 사람들도 있지만 사실 슈퍼모닝은 치열하게 이루어지는 것이 아니다. 주로 음악을 틀고 의자에 앉아 커피를 마시면서 여유롭게 내 하루를 들여다보는 시간을 갖는 식의 루틴이다. 그래서 시간이 길어져서 힘들기보다는 오히려 나에게 필요한 차분한 충전의 시간을 더 여유롭게 누리는 느낌이다. 어떻게 보면 나 혼자만의 조찬 미팅 시간을 통해 에너지를 예열하는 것이다.

시간을 점점 앞당기게 된 건 슈퍼모닝으로 내 삶을 면면히 들여다보고 계획하며 관리해나가다 보니, 내 삶을 구성하는 요소들이 생각보다 더 다양하고 복잡하다는 것을 느꼈기 때문이다. 지금까지는 대면하지 않고 흘려보냈던 시간과 요소들을 하나하나 깨닫자 그 모든 것을 아우르기에 한 시간은 부족하다는 생각이 들었다.

돌이켜보면 우리는 삶을 매우 막연한 덩어리로 바라보고 있는 경우가 많다. 이를테면 우리가 건강이 나빠졌다고 느낄 때 그 안에는 여러 가지 요소가 복합적으로 작용한다. 잠이 부족할 수도 있고, 식단에 영양소가 불균형할 수도 있고, 직장 스트레스가 커서 힘든 상황일 수도 있다. 하지만 그것을 면면히 살펴보는 경우는 드물다. 계획을 세울 때도 마찬가지다. '다이어트 해야지', '토익 800점 넘겨야지' 같은 계획은 누구나 세워본 적이 있을 것이다. 그런데 내 인생이 한 판의 피자라고 봤을 때 다이어트나 토익 점수는 그 안에 올라간 토핑 하나만큼의 작은 비중을 지닌 목표일 수 있다. 결국 우리는 삶의 작은 일부에 집중하면서 나머지 많은 부분을 공백으로 남겨두는 것이다.

자신에게 집중하는 아침 시간을 가지면서 삶을 차분하게 들여다보기 시작하면 내 삶을 구성하고 있는 중요한 요소가 무엇인지 더 자세히 이해할 수 있다. 토핑 하나만 들여다보는 것이 아니라 그 토핑은 어떤 다른 토핑과 어우러지는지, 한 판의 피자가 어떤 요소로 구성되며 어떤 과정으로 완성되는지까지 공백 없이 전체적으로 살펴볼 수 있기 때문이다. 즉 나 자신을 더 잘 알게 되고, 자연히 내가 하고자 하는 일이나 목표하는 방향에 대해서도 더 분명한 기준을 갖게 되는 것이다. 이와 같은 과정을 통해서 나는 삶을 점점 더 발전적으로 움직일 수 있게 됐다.

내 삶을 제대로 이해하고 발전시키는 슈퍼모닝을 통해 내가 근본적으로 얻고 싶었던 것은 바로 '자유'였다. 나는 세 가지의 완벽한 자유가 나를 더 행복하게 만들 수 있다고 생각했다. 그 세 가지는 경제적인 부분에서의 자유, 내 일상을 잘 컨트롤할 수 있는 사유적인 자유(지혜를 얻는 것), 물리적으로 건강함으로써 기동성을 얻는 자유다. 슈퍼모닝은 내가 강력하게 원하는 목표를 향한 가장 정확한 경로였고, 내가 막 슈퍼모닝을 시작했던 10년 전과 비교하면

이 세 가지 자유는 실제로 달성됐다.

　슈퍼모닝은 내가 지식적으로 사유할 수 있는 많은 것을 학습할 시간을 주고, 현실에서 원하는 걸 가질 수 있도록 경제력을 창출하는 활동을 관리해주었으며, 운동과 건강 관리를 통해 신체를 더 튼튼하게 유지할 수 있게 하는 기반이 되었다. 결과적으로 나는 8년 전보다 지금 더 건강해졌고, 많은 것을 배웠으며, 더 많은 돈을 벌게 됐다. 몇백만의 구독자가 있는 유튜브 채널을 운영하고 있고, 마치 온라인 부동산처럼 꾸준한 월세를 가져다주는 콘텐츠를 보유하고 있다. 내 삶에 대한 시야가 모호했다면 결코 할 수 없었을 일이다.

아침 한 시간이 내게 준 자유

　슈퍼모닝이라는 나만의 조찬 미팅은 내가 궁극적으로 원했던 방향으로 내 삶을 변화시켰다. 나는 몇 달 전에 출장차 프랑스에 가서 어떤 성을 개조한 숙소에 묵었다. 그런데 그때 유튜브 코리아에서 강연 요청이 와서, 노트북으로 줌을 켜고 콘텐츠 강의를 했다. 내가 프랑스에 와서 이런 일을 하고 있다는 것이 문득 새삼스럽게 느껴졌다.

예전에는 내가 하고 싶은 무언가를 하기 위해서 꽤 많은 시간을 인내해야 했다. 1년에 한두 번 정도 해외 여행을 계획해서 갔고, 그걸 가기 위해 나머지 시간에 많은 에너지를 쏟았다. 즉 내가 원하는 만큼 충분히 자유롭지 않았던 것이다. 회사에 출근하고 주어진 공간에서 일했던 이전과 달리 지금은 내가 머물고 싶은 장소에서, 내가 생각하는 꽤 큰 의미가 있는 글로벌 회사(예를 들면 구글이나 마이크로소프트 등)와 협력하며 일하고 있다. 이처럼 시간과 장소에 구애받지 않고 경제적 가치를 창출할 수 있다는 사실은 내가 원하던 자유를 대부분 누리고 있는 삶의 형태에 도달했다는 만족감을 안겨주었다.

가장 좋은 점이 또 하나 있다. 나는 직장 생활을 하면서, 내 인생도 누군가에게 PPT로 정리해 발표할 만큼 깊게 이해하고 싶다는 생각을 했다. 프로젝트를 할 때 PPT를 통해 상대방을 완전히 이해시키거나 설득해야 하는 것처럼, 내가 무엇을 좋아하고 또 무엇이 부족한지 등을 온전히 들여다보고 이해하고 싶었다. 슈퍼모닝을 지속하면서 지금은 내 인생이 내가 한눈에 들여다볼 수 있을 만큼 완벽히 정리되어 있다는 사실이 가장 만족스럽다. 나라는 사람을 더 잘 알게 되었기 때문에 앞으로 어느 쪽으로 발전해나가야 할지도 헷갈리거나 흔들리지 않는다. 그 역시 나에게는 더할 나위 없는 완벽한 자유다.

어제와 단절하고
한 걸음
더 나아가는 시간

　삶에는 다양한 고난이 찾아온다. 문제는 그것을 어떻게 유연하게 극복할 수 있느냐는 점이다. 슈퍼모닝은 능력을 배양시키고 삶을 온전히 내 페이스로 이끌어갈 수 있게 한다. 자신의 페이스로 살아갈 수 있다는 것은 굉장히 빠르게 발전할 수 있다는 뜻이기도 하다. 살다 보면 누구에게나 자신을 힘들게 만드는 다양한 문제들이 생긴다. 조별 과제에서 나를 화나게 하는 사람을 만나고, 경제적으로 돈이 없어서 스트레스를 받는다.

　그럴 때 우리가 제일 많이 하는 이야기가 '어렵다'는 것이다. 내가 아무리 애써도 상황이 어렵다, 시간이 없다, 힘들다는 생각 때문에 아예 회피하거나 손을 놓아버리기도 한다. 그런데 같은 상황에 처했다고 하더라도 이를 잘 풀어갈 수 있는 사람이 있을 것이다. 우리가 아는 유명한 부자들, 예술가, 과학자, 대기업 CEO들이 그렇다. 이 일이 그 사람들에게는 '고난'이 아닌 것이다. 그렇다는 말은 이 문제를 해결할 실마리는 항상 있다는 뜻이다. 어딘가에 있는 답을 찾기만 하면 된다. 가장 좋은 방법은 내가 그들처럼 발전하는 것이다. 나는 슈퍼모닝을 통해서 이 과정을 조금씩 밟아가고 있다고 느낀다.

보통 사람의 삶은 연속된다. 물리적인 시간은 0시부터 23시 59분까지 구분되지만, 실제 하루는 그렇지 않다. 밤에 잠들어 아침에 일어나고 하루를 보내고 다시 밤에 잠드는 것까지 물 흐르듯이 연결되어 끊임없이 이어진다. 그렇기에 내가 의식적으로 구분해주지 않으면 쉽게 지치고 마는 것이다.

나는 바로 이 아침 시간을 하루를 구분하는 기준점으로 삼기로 했다. 보통 사람은 아침에 일어나면서 새로운 하루를 시작한다고 느끼기 때문이기도 하고, 매일 지난 하루를 정리하고 오늘 하루를 계획하기에 가장 적절한 타이밍이기 때문이기도 하다. 이렇게 쉴 새 없이 연속된 시간을 의식적으로 짧은 단위로 구분하면 심리적으로 덜 지칠 수 있다. 직장에서 1년짜리 프로젝트를 연속해서 진행할 수 없는 것과 마찬가지다. 큰 프로젝트를 효율적으로 진행하기 위해 분기별, 월별, 주별로 과업을 쪼개는 것처럼 매일 아침 내 머릿속에서 시간을 구분함으로써 부담을 더는 것이다.

무엇보다 중요한 것은 어제의 고난과 상처를 계속 끌고 가지 않을 수 있다는 점이다. 연속된 삶 속에서는 어제와 오늘이 같은 시간이다. 어제 잠들기 전까지 힘들었던 일을 아침에 일어나서 계속 고민하게 된다. 반면 슈퍼모닝을 통해 매일 하루를 다시 설계한다면 의식적으로 어제의 일과 감정에서 단절될 수 있다. 어제 못 끝낸 일은 못 끝낸 일이 아니라 오늘 새롭게 할 일이 되는 것이다. 또한 어제의 부정적인 감정에 매몰되지 않으면서 오늘의 시간을 보다 발전적인 방향으로 사용할 수 있게 된다.

어제보다 한 걸음만 더 앞으로 나아가라

우리는 삶에서 '더 중요한 일에 집중하라'는 말을 많이 듣는다. 그 말 자체는 우리에게 큰 의미가 되지 않은 채로 스쳐 갈 수 있다. 하지만 나는 슈퍼모닝을 통해 나 자신을 발전시키는 일에 주력하면서 실제로 더 중요한 일에 집중할 수 있게 되었다. 나를 흔들리게 만들거나 방해하는 사소한 고난보다 내가 하루하루 자신을 위해 쌓아가는 과업과 목표가 나를 구성하는 더 밀도 있는 요소라는 걸 체감하게 된 것이다. 그러다 보면 갈등이나 고난은 여전히 발생하지만, 그것이 더 이상 어려운 일로 느껴지지 않는다.

물론 당장 내가 처리해야 하는 스케줄이 매일같이 쌓여 있다. 출판, 칼럼, 강의, 출장, 회사 운영과 관리는 기본이고 가정이나 건강 관리, 학습도 중요한 일과다. 하나하나 데드라인이 있는 일이고 성과도 내야 한다. 예전에는 이런 일이 쌓일 때마다 압박감을 느끼고 그 하나하나가 나에게 닥친 고난이라고 생각했다. 하지만 현재는 전혀 그렇게 생각하지 않는다. 어떻게든 해낼 수 있는 발전적인 경험을 이미 해봤고, 그게 가능한 시스템을 슈퍼모닝으로 구축해왔기 때문이다. 경험치가 누적적으로 쌓여 레벨업을 했기에 이제 나는 여러 가지 변수에 대응할 수 있는 능력을 갖추고 있다.

자신에게 닥친 고난을 이전보다 쉽게 해결해내는 능력이 하루아침에 생겨나지는 않는다. 여기서 중요한 포인트는 어제보다 오늘 한 걸음이라도 더 앞으로 나아가는 경험을 해야 한다는 것이다. 사람의 뇌는 자신이 가진 능력보다 조금 더 어려운 과제나 일에 도전했을 때 활성화된다. 그래야 집중력과 기억력이 강화되는 도파민이 분비되면서 결국 그 내용이 내 것으로 남기 때문이다. 단순히 어려운 업무나 공부에 한정된 것이 아니라 하기 싫은 것에 대해서도 마찬가지일 때가 있다. 아침에 일어나는 것이 힘들고, 책을 읽거나 운동하기 싫은 것도 자신에게 어려운 과제일 수 있을 것이다. 하지만 막상 도전했을 때 내 뇌가 활성화되고 그 기억이 강하게 남는다. 그리고 어느 순간 더 이상은 그 일이 어렵지 않게 되는 것이다. 나는 그것을 '발전'이라고 부르고 있다.

이처럼 하기 싫은 것을 해내면서 쌓여가는 성취는 자존감을 올려주고, 나를 더 나은 방향으로 움직였으며, 심지어 주변 친구들에게도 영향을 주기 시작했다. 지인들뿐 아니라 이제는 전 세계에서도 슈퍼모닝 과업을 SNS에 인증해주고 있다. 사실 처음에는 슈퍼모닝을 계속하면 무엇을 얻게 되느냐는 질문을 하는 사람이 아주 많았다. 어떤 것을 얻기 위해 행동하는 것에 익숙해져 있기 때문이다. 하지만 나는 어떤 것을 '얻기 위해서' 슈퍼모닝을 해온 것이 아니다. 언제든 무엇이든 얻을 수 있는 사람이 '되기 위해서' 한 것이다.

03.

매일 일찍 일어나는
사람의 비밀

늘 결심해도
작심삼일이 되는
이유

요즘에는 많은 사람이 아침 시간에 대해 일종의 동경을 지니고 있다. 최근에는 '갓생'이라는 신조어가 등장할 만큼 생산적인 삶에 대한 갈망도 있다. 그게 보여주기식의 허영일 수도 있겠지만, 누구에게나 어제의 나와 이별하고 새로운 내가 되어 지금의 삶을 완벽하게 바꿔보고 싶다는 니즈가 있다는 것만은 분명한 것 같다. 그래서 무언가를 결심하고 변화를 시도해보는 노력은 많이 하지만, 이를 오랫동안 지속하지는 못하는 경우가 많다. 새해가 되면 북적거리던 헬스장과 도서관이 얼마 지나지 않아 한산해지는 모습을 예로 들 수 있다. 아마도 새해 다짐을 연말까지 지키기는커녕 그 내용을 기억하고 있는 사람도 드물 것이다.

나는 약 8년 전부터 슈퍼모닝을 인스타그램에 꾸준히 업로드하면서 맨 아래에 'S/W v.6.50'라는 버전 표시를 덧붙이고 있다. S/W는 소프트웨어Soft Ware의 약자이고, v.6.30은 버전이 6.30이라는 것을 의미한다. 보통 소프트웨어를 개발할 때 사소한 오류들을 교정할 때마다 버전을 1.0에서 바로 2.0으로 올리지는 않는다. 작은 수정의 경우에는 0.1이나 0.01씩 버전을 올려가고, 아주 큰 변화가 있을 때에만 1.0에서 2.0으로, 또 3.0으로 업그레이드하게 된다.

사람에게 있어 신체는 '하드웨어'이고 두뇌는 '소프트웨어'라고 비유할 수 있을 것이다. 나는 매일 일상에서 슈퍼모닝을 인스타그램에 업로드하는 사건을 0.01씩 두뇌가 업그레이드되어가는 과정으로 정의했다. 그리고 그것이 100일을 달성할 때마다 버전을 1.0씩 올리기로 했다. 그렇게 버전이 1.0에서 현재의 6.30이 되었고, 이는 내가 슈퍼모닝을 630번째 업로드하고 있다는 뜻이다.

이렇게 꾸준히 업로드하다 보니 어느 순간부터는 슈퍼모닝을 따라 하는 사람들이 생겼다. 하지만 시간이 지나면 게시물을 올리던 사람들이 갑자기 하나둘 사라지고 또 새로운 사람들이 나타났다. 사라졌던 사람이 어느 날 다시 돌아와 나에게 DM을 보내며 '그동안 개인사로 지속하지 못했는데 이제 슈퍼모닝을 다시 시작하려고 한다'며 근황을 전하기도 했다. 이런 모습을 보면서 많은 사람이 아침 시간을 유용하게 활용하며 자신의 삶을 변화시키길 원하지만 그것을 지속해나가는 일은 어렵다는 걸 다시 한번 느꼈다.

해야 할 이유가 없으면 하지 않는다

사람들은 왜 슈퍼모닝을 지속하지 못할까? 나는 이 질문에 답을 찾기 전에 스스로 왜 이전과 달라지고 싶은지를 먼저 돌아봐야 한다고 말한다. 슈퍼모닝을 지속하지 못하는 이유를 들여다보면 결국 슈퍼모닝을 통해 삶을 변화시키고 싶은 '완벽한 동기'가 부재한 경우가 많다. 슈퍼모닝은 아침을 생산적으로 보내자는 막연한 슬로건이 아니다. 삶에서 내가 근본적으로 원하는 것을 얻기 위한 과정이라는 효용성 측면에서 바라봐야 한다. 슈퍼모닝이라는 이름 자체가 초인적인 힘, 압도적인 기세를 전달하는 네이밍이다. 실질적으로 내가 얻고자 하는 목표에 도달하기 위해서는 그만큼 강력한 동기와 실행력이 필요하다.

애초에 자신의 평소 기상 시간보다 일찍 일어난다는 것은 웬만한 의지로 불가능하다. 어떨 때는 거의 목숨 걸고 일어난다는 느낌을 받을 만큼 몸이 무거운 날도 있다. 그럴 때는 누군가 "200만 원 줄 테니까 일어나"라고 해도 안 받고 그냥 자는 걸 선택할 것 같은 마음이 들 정도다.

그럼 200만 원을 포기할 만큼 더 자고 싶은 날에 얼마 정도를 받으면 일어날 수 있을까? 스스로에게 물어보자. 나는 1,000만 원쯤 준다고 하면 무조건 일어날 수 있을 것 같다. 그렇다는 건 아침에 일어나기 위한 동기 부여가 1,000만원 이상의 가치는 있어야 한다는 뜻이다. 누가 한다고 해서 따라 할 정도의 의지로는 어림도 없다. 1,000만 원을 대체할 수 있을 정도로 엄청나게 강력한 동기를 내 안에서 찾아내야 한다.

얼마 전에는 내가 멘토링하는 친구가 찾아와 자신도 슈퍼모닝의 시간을 갖고 싶다는 이야기를 하길래, 왜 하고 싶은지를 물었다. 사업을 하고 돈을 벌기 위해서라고 한다. 왜 돈을 벌고 싶은지 물어보니 강남에 집을 사고 안정적인 삶을 살고 싶어서라고 한다. 그런데 왜 안정적인 삶을 살고 싶은지 물었더니 그에 대한 이유를 찾지 못했다.

바로 이 지점이 중요하다. 결과적으로 슈퍼모닝에 대한 동기가 없고, 하고 싶은 것들의 끝에는 허무가 있는 것이다. 내가 원하는 게 아니라 타인이 갈망하는 것을 얻고 싶은 마음으로는 슈퍼모닝에 대한 동기가 크게 작용할 수 없다. 새벽에 일어나기 힘든 이유는 그러한 핵심적인 동기를 찾아내지 못했기 때문이다.

나는 왜 아침을 생산적으로 사용하고 싶은가? 만약 자신을 납득시킬 만한 완벽한 답이 나오지 않는다면, 이제부터 그것을 찾아야 한다. 내 인생에서 한 번쯤은 나라는 사람이 왜 이걸 원하는가에 대한 근원적인 질문을 던져볼 필요가 있다. 그리고 내가 그에 대해 답하지 못하는 상황을

인지하고, 그럼 내가 진짜 원하는 게 무엇인지 생각해봐야
한다. 바로 그때 슈퍼모닝이 내가 원하는 지점에 도달하는
하나의 정답이 되어줄 수 있다.

강력한 동기를 찾는 다섯 가지 '왜'라는 질문

처음 슈퍼모닝에 관심이 생긴 사람들에게 많은 질문을 받는다. "슈퍼모닝은 몇 시간 동안 해야 하나요?", "너무 졸린데 도대체 어떻게 일어날 수 있죠?", "어떻게 해야 슈퍼모닝을 습관으로 만들 수 있을까요?" 그런데 이런 질문에 대한 단편적인 답은 슈퍼모닝의 핵심이 아니다. 일단 자신이 왜 슈퍼모닝을 하고 싶은지 그 이유를 발견하고 나면, 나머지는 자연스럽게 자신만의 답을 도출하게 될 것이다.

우리는 왜 슈퍼모닝을 하려고 할까? 막연하게 생산적인 삶을 살고 싶어서 혹은 시험 기간에 학점을 잘 받기 위해서일까? 이런 동기는 슈퍼모닝을 꾸준히 지속하는 데 강력한 힘을 부여하기에는 다소 약하다. 슈퍼모닝은 자기 자신을 컨트롤하고 자신을 더 나은 사람으로 만드는 방법이며, 이를 통해 자신이 행복해지기 위해서는 본질적인 동기가 있어야 한다. 근본적인 원리와 코어를 찾기 위한 좋은 방법은 바로 스스로에게 질문하는 것이다. 소크라테스가 사람들에게 끊임없이 질문을 던지며 토론했던 대화법을 산파술이라고 한다. 대답을 듣고 그 대답에 대하여 다시 질문을 던지는 것이다. 소크라테스는 이를 통해 상대의 무의식을 이끌어내고, 자신도 스스로 의식하지 못했던 본질에 도달하게 했다.

슈퍼모닝은 결국 우리의 삶 전체와 밀접하게 결부되어 있다. 내 삶에서 내가 정말로 원하는 게 무엇일까? 막연하게 '돈을 많이 벌고 싶다'는 생각을 할 수는 있지만, 그 명제 자체만으로 목표를 위해 치열하게 살아갈 수 있는 사람은 거의 없다. 여기에서 끝나는 것이 아니라 더 구체화시켜 나가야 한다. 나는 왜 돈을 벌고 싶을까? 돈을 벌어서 무엇을 하고 싶은가? 내가 그것을 원하는 이유는 무엇인가? 점점 질문이 구체화되고 대답이 정량화될수록 목표는 또렷해지고 동기는 강렬해진다. 그런 질문의 끝에 본질적으로 내가 이것을 이루지 않으면 안 된다는 확신과 강한 목표 의식에 도달하게 되는 것이다.

나는 이를 위해 '5WHY'라는 질문 기법을 제안한다. 스스로에게 삶에 대한 질문을 던져보고, 그 대답에 대해 또 'WHY'라는 질문을 반복하는 것이다. 나의 경우는 아래와 같은 다섯 가지 질문으로 내가 궁극적으로 원하는 게 무엇인지 찾아보았다.

Q1. 왜 아침에 일어나고 싶을까?
A. 더 생산적이게 살고 싶어서.

Q2. 왜 생산적이고 싶은가?
A. 생산적으로 시간을 보내면 더 나은 사람이 될 테니까.

Q3. 왜 더 나은 사람이 되고 싶은가?
A. 더 나은 사람은 더 지혜롭고 현명한 사람을 의미하고, 그렇게 되면 매일 일어나는 일상의 일들을 더 잘 처

리할 수 있게 되기 때문이다.

Q4. 왜 일상의 일들을 잘 처리하고 싶은가?
A. 내 삶을 더 잘 컨트롤할 수 있고, 그러면 내가 만드는 경제적 부와 내가 발전해나가는 모습, 더 나은 인간관계에 만족할 수 있을 것이다.

Q5. 왜 경제적 부와 더 나은 인간관계가 필요한가?
A. 그게 곧 나의 행복이기 때문이다.

나도 모르는 나의 근원적 생각

더 많은 질문을 반복해도 좋지만 최소한 다섯 가지의 질문을 던져보면 스스로 납득할 만한 꽤 구체적인 답이 나오게 된다. 여기에서 깊게 파고들수록 더 좋은 동기를 찾을 수 있다고 생각한다. 이렇게 근원적으로 내가 정말 원하는 것을 찾아냈을 때 그것이 1,000만 원 이상의 가치가 있다면 아침에 무거운 눈꺼풀을 이겨내고 일어날 수 있는 핵심 동기가 되어줄 것이다. 그리고 그것을 실현할 수 있는 강력한 방법이 바로 슈퍼모닝이다.

　실제로 아침에 일찍 일어나 슈퍼모닝 루틴을 실행해보고 싶다는 회사 직원들과도 이런 방식으로 이야기를 나눠보았다. 다들 '좋은 사람이 되고 싶다'거나 '몇 년 후에는 몇 평 아파트를 사고 싶다'는 식의 삶의 바람이나 동기가 있었다. 그런데 이때 단순히 '열심히 하라'는 격려나 조언이 그들을 이끌어줄 수는 없다고 생각했다. 그래서 도움이 될 만한 책을 추천하기도 하고, 슈퍼모닝에 대한 방법을 알려주기도 했지만 결국 이를 행동으로 옮길 수 있게 하는 것은 가장 근원적인 동기를 이끌어낼 수 있는 '질문'이었다.

　'대표님이 시켜서 한다'고 생각하면 한두 번쯤 해볼 수도 있겠지만 지속할 수는 없었을 것이다. 그 자체가 스스로를 강하게 자극하는 동기가 되지는 않을 것이기 때문이다. 그런데 그들의 목표나 동기에 대해서 5WHY 이상으로 집요하게 질문을 던져보면 스스로 확실한 동기를 찾아낸다. 직원들 입장에서도 자신이 생각해보지 못했던 내면적인 동기에 대해 끊임없이 질문했을 때 처음으로 '내가 왜 좋은 사람이 되고 싶은가', '왜 돈을 많이 벌고 싶은가'에 대해서 더 깊게 파고드는 계기가 되었다고 한다. 또 그것을 곰곰이 생각해보는 것만이 아니라 실제로 자신의 입으로 내뱉어보는 경험이 실제 행동의 변화로 이어졌다. 자신이 원하는 것을 자신의 언어로 명확하게 구현해보고, 그에 도달하는 과정을 스스로 설계해보는 것이 결국은 가장 강력한 동기로 작용하는 것이다.

이는 곧 내 삶의 목표, 라이프 골Life Goal을 찾아보는 과정이기도 하다. 진정한 동기를 바탕으로 실현하고 싶은 삶의 목표를 인지하고 이에 입각하여 행동한다면 그 과정에 필요한 과업들을 결코 가볍게 여기지 않을 것이다. 슈퍼모닝에서는 이러한 동기와 과업이 모두 중요하다. 동기만 있으면 과정을 밟아갈 수 없고, 과업만 있으면 지속할 수 없기 때문이다.

참고로 이러한 질문 방식은 'WHY'를 통해 동기를 찾을 때뿐만 아니라 그것을 어떻게 달성할 것인지 'HOW'를 찾을 때에도 똑같이 사용할 수 있다. HOW의 질문은 지금 내가 부족한 부분을 찾을 수 있게 해준다. 예를 들어 '집을 사고 싶다'면 '좋은 집을 사려면 안목을 키우기 위해 어떤 지식을 가지고 있어야 하는가? 그 지식은 어떻게 얻는가?'라는 질문을 던질 수 있을 것이다. 당장 로또에 당첨되고 엄청난 돈이 생긴다고 해서 바로 좋은 집을 살 수 있는 안목이 생기는 것은 아니기 때문이다. 즉 내가 원하는 것이 있을 때 갈고 닦아야 할 부분이 뭔지, 학습이 필요한 지점이 어디인지 도출해주는 것이다. 이처럼 스스로에게 질문을 던져보는 연습은 원하는 것을 현실로 만들어내는 과정에 생각보다 큰 도움이 된다.

작은 성취의
경험이 큰 성취를
만든다

　슈퍼모닝을 통해 목표에 도달하고 싶고, 또 실제로 시작하려고 마음을 먹었더라도 초반에 반드시 봉착하게 되는 문제가 있다. 아침에 눈을 뜬 순간 '일어나기 너무 힘든데 꼭 해야 할까?' 하는 내면의 갈등이 시작되는 것이다. 아무리 강한 동기와 의지를 가지고 있다고 해도 사람이기 때문에 어쩔 수 없이 겪게 되는 마음이다. 특히 안 하던 것을 처음 시작할 때는 더더욱 막상 실행하기가 어려울 수 있다.

　이 순간에 중요한 것은 일단 단기적인 성공의 경험을 해보는 것이다. 일단 오늘 해야 할 일을 실제로 해내는 경험을 일주일 정도만 연속으로 하면 그다음에는 반드시 자신감이 붙고 이것을 이어가는 것이 훨씬 더 쉬워진다. 특히 그리 만족스럽지 못한 일상이 이어지면서 스스로에 대한 자존감이 낮아지거나 의기소침해진 상황일 때에도, 일주일만 이를 성공하면 비교적 쉽게 자존감이나 자신감을 회복할 수 있다.

처음에는 아침에 눈을 뜨고 일어난 다음, 일단 오늘 하루 동안 해야 할 일을 몇 가지 미리 계획하고 이를 일주일 동안만 어떻게든 실천해보자. 이때 두 가지 유형의 사람이 있을 수 있다. 첫째는 하루 동안 해야 할 과업을 야심차게 많이 작성한 다음 잠을 줄여서라도 꾸역꾸역 해내는 경우다. 둘째는 하루에 해야 할 일 자체를 많이 작성하지 않되, 대신 이것만은 꼭 해내겠다고 스스로와 약속하는 것이다.

첫 번째 경우는 의욕적인 마음에 처음부터 큰 성과를 이뤄내고자 하는 것이고, 두 번째는 일단 성공하는 습관을 만든 뒤에 서서히 하루의 과업을 늘려가는 방법이다. 개인적으로는 두 번째 방법을 선호한다. 목표를 딱 한두 가지 정도로 작게 정하여 먼저 작은 성취의 경험을 해봐야 스스로를 신뢰할 수 있게 되기 때문이다. 일단 자신이 할 수 있다는 것을 믿고 실제로 경험하고 나면, 새로운 다짐을 하고 그것을 실행하는 것이 예전처럼 어렵지 않게 된다.

나의 한계를 파악하라

사실 우리가 학교나 직장에서 해야 할 일들, 혹은 스스로가 생산적인 삶을 살기 위해서 추가하고 싶은 일의 목록을 살펴보면 실제로 지금 하루에 해낼 수 있는 양보다 더 많은 경우가 대부분이다. 우리가 쓸 수 있는 시간과 체력에 비해 넘치는 과업을 가지고 있는 셈이다.

물론 그 모든 것을 해내고 싶고 해내야 하기에 야심차게 실천 계획을 세워보긴 하지만, 24시간이라는 한정된 자원 내에서 잘 이루어지지 않는 경우가 많다. 이러한 경험이 반복되면 나름대로 하루 동안 주어진 일을 열심히 수행했다고 생각하는데도 자꾸만 계획에 실패한다는 자괴감에 빠질 수 있다. 나아가 스스로를 저평가하거나 우울한 감정이 생기기도 한다.

깨진 항아리에 계속 물을 붓다 보면 지칠 수밖에 없다. 잠깐 숨을 고르고 반대로 생각해보는 것은 어떨까. 초반에는 하루의 과업을 애초부터 작게 설정하고, 그것을 매일매일 해내는 연습을 해보는 것이다. 그러다 보면 해야 할 일들이 점차적으로 하나씩 지워지기 때문에 오히려 머릿속이 정리되는 느낌을 받을 수 있다. 그러다 한 주, 한 주씩 서서히 해야 할 과업을 늘려나간다면 오히려 의욕적으로 계획을 세웠을 때보다 더 많은 것을 달성할 수 있다. 정말 큰 것들을 해내기 위해서는 먼저 작은 것들을 완벽하게 하는 습관이 필요하다.

보통 학창 시절에 성적이 한번 오른 친구들은 성적이 다시 잘 떨어지지 않는다. 성적이 오른 경험을 통해 승리의 만족감을 이미 알고 있기 때문이다. 마찬가지로 일단 단기간 동안 계획을 완전히 실행하는 경험을 한번 해본 사람은 그 성취감과 효용성을 체감했기 때문에 그 이후로는 자연스럽게 자신만의 방식대로 과업을 쌓고 발전해나가게 된다. 이 최초의 경험을 위해서 우리는 기존에 가지고 있던 잘못된 굴레를 한 번쯤 단호하게 끊어줘야 한다. 작은 성취의 감정을 맛보고, 그 성취의 감정이 앞으로 내가 이어가는 프로세스를 통해 다시 달성될 수 있다는 걸 체감하면 이제 비로소 그것이 습관으로 자리 잡게 될 것이다.

이렇게 지킬 수 있는 계획을 세워본 뒤 아주 작은 성공이라도 스스로의 가능성과 능력을 확인했다면 이미 슈퍼모닝은 시작된 셈이다. 그러다 보면 슈퍼모닝이 아침에 피곤한 몸을 이끌고 힘들게 수행하는 과업이 아니라 내 삶의 일부이자 성취가 되고, 또한 내 자신감의 원천이 되는 단계가 온다. 그러니 일단 첫 걸음을 떼자. 시작은 결코 어렵지 않다. 아주 작은 한 걸음이면 된다.

04.

세상에서
가장 공평한 건 시간이다

짧은 순간이
모여 내 삶이 된다

　　슈퍼모닝이라는 하루의 과업이 정말 인생의 커다란 성취로 이어질 수 있을까? 애초에 머리가 좋은 사람들, 실행력이 좋은 사람들, 특별한 능력을 가진 사람들만 해낼 수 있는 것이 아닐까 하는 의구심이 생길지도 모른다. 하지만 기억해야 하는 건 모든 사람에게는 똑같은 아침이 찾아오며, 그 시간을 어떻게 보낼지 선택하는 것은 결코 대단한 능력이 있는 사람만 할 수 있는 일이 아니라는 것이다. 그리고 원하는 성공의 결과물은 결코 하루아침에 뚝 떨어지지 않는다. 시작은 누구에게나 작고 미미하다. 중요한 건 아침에 남들보다 조금 일찍 일어나는 사소한 노력이라도 일단 시작하는 걸 선택하는 사람들만이 이후에 찾아오는 성공의 가능성을 지니게 된다는 점이다.

150여 년 전까지만 해도 인간의 평균 수명은 약 30년이었다. 페니실린과 비누가 개발되지 않아 각종 감염 등으로 영유아 사망률이 높았고 일상생활에도 항상 경미한 위험이 도사리고 있었다. 그러다 보니 그 시대에는 60세를 넘기면 장수했다고 축하하면서 환갑 잔치를 열었다. 지금의 평균 수명에 비하면 훨씬 짧은 60여 년의 인생이지만, 그때도 아이가 태어나면 '너는 무엇이든 될 수 있고, 원하는 것은 뭐든 경험하고 성취할 수 있다'고 말해주었을 것이다. 그러한 부모의 마음은 예나 지금이나 다르지 않다. 우리는 막 태어난 아이가 가지고 있는 무한한 가능성을 진심으로 믿고 또 북돋아준다.

그런데 평균 수명이 100년에 이르렀다는 현대 사회에서 성장하는 우리들은 지금 무엇이든 될 수 있다는 가능성을 쉽게 이야기하는 것 같지 않다. 앞으로 50~70년을 산다면 부의 축적, 사랑, 우정, 건강 회복 등 우리가 할 수 있는 일은 어린아이 못지않게 많다. 평균 수명이 30~40세인 과

거의 아이들보다 무언가를 성취할 수 있는 기회가 더 많기 때문이다. 물론 세상은 복잡해지고 있지만 그 안에서 답을 찾을 수 있는 더 많은 시간이 주어진다. 우리는 자신이 원하는 어떤 것이든 될 수 있는 가능성을 이미 가지고 있다. 그렇다면 우리에게 주어진 가능성 충만한 시간을 어떻게 현실로 발현해낼 수 있을까.

지금이라도 시작하면 된다

매년 12월 초가 되면 내가 항상 떠올리는 것이 있다. 올해 목표로 한 것들을 해내기에 아직도 시간은 충분하다는 것이다. 연말이 되면 아무것도 한 게 없는데 한 해가 다 갔다고 한탄하는 사람이 많다. 이번 해가 다 끝났다는 생각에 내년부터 열심히 하자면서 남은 시간들은 그저 흘려보내기도 한다. 무려 한 달이나 남았는데 말이다. 그런데 12월이라는 단기적인 시간 동안 아무것도 하지 않는 사람이 새해가 온다고 해서 다음 1년이라는 장기적인 시간을 갑자기 열심히 살아갈 수 있게 될까?

인생을 탁월하게 살고 싶지 않은 사람은 드물 것이다. 그런데 장기적으로는 부자가 되고 싶다거나 빨리 은퇴해서 여행을 다니며 살고 싶다는 등의 목표를 가지고 있으면서도 단기적으로는 아무런 행동도 하지 않고 시간을 너무 관대하게 흘려보내는 경우가 많다. 하고 싶은 일이나 이루고 싶은 것을 위해 혹은 소중한 사람들과 함께하기 위해 행동하기보다 그 모든 것을 나중으로 미루는 삶에 함몰되는 것이다.

지금 단기적으로 탁월한 행동을 선택하지 않으면서 장기적으로 퍼포먼스를 내고 탁월하게 살고 싶다는 생각은 어불성설이다. 지금 내 눈앞에 있는 짧은 시간을 소중하게 쓸 줄 알아야 장기적인 큰 계획을 성취하는 단계로 이어질 수 있다는 사실은 너무나 당연한 이치다.

흔히 누군가를 존경한다고 할 때 그 사람이 이루어낸 결과만으로 존경심을 갖는 것은 아니다. 로또로 1,000억 부자가 된 사람보다는 성실하게 노력하여 1,000억의 가치를 창출해낸 사업가가 존경을 받고, 매일 성실하게 봉사하며 살아가는 사람이 그 성실함과 봉사 정신에 대한 존경을 받는다. 1억을 기부한 사람이 존경받는 것은 단순히 그 1억을 기부해서라기보다 1억을 벌기 위해 노력한 모든 시간과 고민까지도 함께 인정받기 때문이다. 결국 뭔가를 이루었다는 결과보다도 그 결과에 닿기까지 삶 속에서 단기적인 순간을 어떻게 선택하고 살아왔느냐가 그 사람을 만든다는 의미다. 그래서 우리의 삶은 매 순간의 선택과 과정이 중요하며, 탁월한 과정이 필연적으로 일정 수준 이상의 결과를 낳기 마련이다.

큰 목표를 이루고 싶으면 작은 선택부터 적어도 비슷한 방향성을 가져야 한다. 아침 한 시간의 슈퍼모닝이 인생 전반을 바꿀 수 있다고 말하는 이유도 바로 이것이다. 내일로 미루거나 잠으로 대체하여 생략해버리는 대신에, 당장 눈앞에 놓인 한 시간을 소중하게 쓸 수 있는 선택을 해보자. 오늘의 좋은 선택이 내가 품고 있던 무한한 가능성을 열어주는 열쇠가 될 수 있다.

시간이 없다는
핑계 대신에
해야 하는 일

하루 24시간은 모든 사람에게 똑같이 주어지지만 시간을 소비하는 방법은 모두 다르다. 슈퍼모닝은 아침 시간을 생산적으로 쓸 수 있는 방법이기도 하지만, 누구에게나 주어지는 공평한 24시간을 자신의 삶을 위해 누구보다 온전히 활용하는 방법이기도 하다.

어떤 사람들은 학교나 직장에서 주어진 과업만으로 벅차 자신을 삶을 돌보는 데 쓸 시간이나 에너지가 없다고 말하기도 한다. 이를테면 운동이 자신의 삶을 건강하게 유지하기 위해 꼭 필요한 생산적인 활동이라는 것을 부정하는 사람은 없겠지만, 일과가 너무 바빠서 운동할 시간이 없다고 생각하는 경우가 있다. 운동을 한다고 해서 누가 월급을 주지는 않으니까 우선순위에서 밀리게 되는 것이다. 그런데 우리는 정말 시간이 부족해서 더 이상의 생산적인 활동을 하기 어려운 것일까?

사람의 삶도 게임 캐릭터처럼 HP$^{Health\ Point}$와 MP$^{Mental\ Point}$가 나뉜다고 생각해보자. HP는 체력, 매력, 기동성 같은 신체적 요소이고 MP는 자신감이나 정신적인 지구력, 안정감 등의 정신적 요소로 볼 수 있을 것이다. 게임에서는 HP와 MP가 높을수록 주어진 미션을 클리어할 수 있는 가능성이 높아진다. 이것이 부족하면 가지고 있는 기술을 발현하지 못하거나 혹은 아예 움직이지 못하고 쉬어야 한다.

만약 현실에서 HP나 MP를 항상 관리하며 채워두는 사람과 그렇지 않은 사람이 같은 비전을 향해 경쟁하고 있다고 가정해보면 어떨까. 직관적으로 누가 더 빨리 비전에 도달할 수 있겠느냐고 묻는다면 당연히 전자일 것이다. 삶의 모든 영역에서도 마찬가지다. 건강이든 학습 능력이든, 그 발전 정도를 체크하면서 향상해나가는 사람과 그렇지 않은 사람이 있다면 누구의 발전 속도가 더 빠를지는 명확하다.

자원을 어떻게 쓸지 결정하는 것은 결국 나다

운동이나 학습 등의 자기 관리는 당장 노력한 만큼 눈앞에 결과물이 나오는 영역이 아니다 보니 그 시간을 조금 더 즉각적인 결과물이 나오는 생산적인 영역에 사용하는 게 낫다고 생각하는 경우가 있다. 실제로 우리가 운동을 한다면 하루 24시간 중에서 한 시간은 운동으로 소모하게 될 것이다. 운동을 하지 않는 사람은 그 한 시간을 아낄 수 있다는 이야기다. 그럼 그 사람은 정말 운동 대신에 더 좋은 활동으로 그 시간을 대체하고 있을까?

누군가는 건강에 시간을 투자하고 누군가는 하지 않는다고 했을 때, 건강에 시간을 투자하는 사람보다 그렇지 않은 사람이 더 좋은 환경을 구축하려면 그 시간을 다른 데 사용해야 할 것이다. 그런데 주위를 보면 실제로 그 시간을 다른 생산적인 일에 사용하는 사람은 많지 않다. 운동을 하지 않는 사람은 오히려 축 쳐져 있고, 꾸준히 운동을 하는 사람들이 체력과 에너지를 바탕으로 다른 생산적인 일을 더 많이 해내는 경우도 흔히 볼 수 있다.

꼭 운동이 아니더라도 어떤 목표를 정하고 해내려고 할 때 자기 자신을 몸과 마음이 건강한 환경 속에 자리 잡게 만드는 것은 생각보다 중요하다. 우리가 슈퍼모닝을 위해 아침에 일찍 일어나기에는 지금도 잘 시간이 부족하다거나 출근 전의 아침 시간이 너무 빠듯하다고 느낄 수 있다. 하지만 HP와 MP의 용량 자체를 늘리지 않으면 우리는 너무 쉽게 방전되고 금방 한계가 찾아온다. 우리의 몸과 마음을 건강하게 만들기 위해서는 자신에게 집중하고 단련하는 시간이 필요하다. 즉각적인 결과물을 보여주는 일이 아니라고 해서 나를 더 단단하게 구축하고 발전시키는 시간을 아까워해서는 안 된다. 그 시간은 장기적으로 내가 해나가는 과업들에 있어 더 큰 에너지를 채워주고 분명한 시너지를 발휘해줄 것이기 때문이다.

PART 2

매일 아침
내 삶을
리부팅하는 방법

01.

생산적인 아침을 위한
기초 설계

슈퍼모닝을 위한
마인드 세팅 3단계

　한 시간이든 두 시간이든 아침에 나만의 시간을 가지기 시작하면 하루가 매우 여유로워질 것이다. 단순히 일찍 일어났기 때문에 물리적인 시간 여유가 생긴다는 의미가 아니다. 슈퍼모닝은 하루를 생산적으로 보내기 위한 준비이기도 하지만, 무엇보다 이를 통해 본질적으로 내 마음에서부터 하루를 시작하고 소화하는 태도가 달라진다는 점이 중요하다. 삶에 대한 마인드 자체가 바뀌게 되는 것이다.

　아침에 일어나서 등교하거나 출근할 때 걱정 없이 개운하게 집을 나선다면 좋겠지만 왠지 모르게 초조하고 불안한 마음이 드는 날이 있을 것이다. 그런데 많은 경우 불안감이나 스트레스를 안고 있을 때 대부분의 이유는 해야 할 일이 너무 많거나 어려워서가 아니라, 무엇을 해야 하는지 그 해결 순서가 명확하지 않아서다. 해야 할 일을 단지 '머릿속으로만 떠올리는 것' 자체로도 또 다른 불안감을 조성하는 것이다. 그러다 보면 결국 아무것도 하지 못하거나, 닥친 일들을 뒤죽박죽 급하게 처리하게 되는 경우가 많다.

그런데 아침을 내가 정한 루틴대로 시작하고, 차분하게 앉아 오늘 해야 할 일을 차근히 계획한 뒤 그것을 해내는 구체적인 행동을 쌓아간다면 기존에 느끼던 불안감의 80퍼센트는 사라질 수 있다. 특히 할 일을 눈에 보이는 텍스트로 정리하여 시각화하면 그것을 행동으로 옮기기가 한결 쉬워진다. 나아가 실제 행동으로 옮기고 나면 더 이상 불안감이 크게 자리할 수가 없다. 이미 실행하는 데 에너지를 집중하기 때문에 불안해할 만한 여유도 이유도 없기 때문이다. 그렇다는 것은 비로소 마음에 평화가 찾아왔다는 뜻이다. 불안하거나 초조하지 않은 평온한 하루를 여유롭게 시작할 수 있게 되는 것이다.

마인드를 바꾸는 세 가지 방법

슈퍼모닝은 나의 매일을 생산적으로 보내는 데 실제로 큰 효용 가치가 있었고, 삶을 대하는 마음과 태도에도 상당한 영향을 미쳤다. 슈퍼모닝을 우리 삶에 더욱 효과적으로 적용하여 변화를 이끌 수 있게 하는 세 가지 마인드 세팅을 제시해본다.

1. 세상의 문을 여는 열쇠는 무조건 있다

'락 앤 키lock and key', 나는 자물쇠가 있으면 반드시 그 자물쇠를 여는 열쇠도 있다는 사실을 믿는다. 세상 모든 문제에는 해결책도 있다는 오픈 마인드를 바탕으로 계획을 세워야 한다. 어떤 문제에 부딪쳤을 때 이를 극복할 수 없다고 포기하게 되면 큰 꿈이나 목표를 설정하기 어렵다. 그뿐 아니라 계획 자체를 내가 가능하다고 생각하는 영역 내에서 한정적으로 세울 수밖에 없다. 어떤 현실적인 문제에 부딪쳐 안 될 것이라는 생각은 접어두자. 어떻게든 해결책은 있다는 생각으로 그 방법을 찾는 데 집중하려는 마인드가 필요하다.

2. 세상 모든 일은 구조화하고 세분화할 수 있다

어떤 일의 해결책을 찾는 과정이 항상 명확하고 간단하지는 않을 것이다. 하지만 얽혀 있는 요소들을 세분화하여 각각의 해결점을 찾아 들여다보면 결국 모든 문제를 우리가 이해할 수 있는 평면도로 재구성하여 바라볼 수 있게 된다. 사람은 누구나 실질적인 해결점을 찾기 위한 구조화의 능력을 가지고 있다. 중요한 것은 모든 일은 구조화가 가능하다는 전제하에, 이 지점에서 문제가 되는 것이 무엇인지 스스로에게 적절한 질문을 던지며 올바른 방향을 찾아나가는 것이다.

3. 이 시간이 나에게 도움이 될 것이란 확신을 가져라

이 아침 시간이 오늘 하루 나를 더 기분 좋게 만들어줄 것이며, 장기적으로도 분명히 내게 도움이 될 것이라는 사실을 의심하지 말자. 스스로 확신을 가지지 못한 일은 시간 낭비일 뿐이다. 세상에 진짜 천재는 많지 않다. 비범해 보이는 사람들은 그저 보이지 않는 곳에서 노력할 뿐이다. 남들이 잠들어 있는 시간에 내가 들인 노력은 반드시 나를 더 나은 방향으로 이끌어줄 것이다.

슈퍼모닝

이런 마인드를 바탕으로 하루하루를 쌓아가다 보면 인생 전반에 대한 막연한 불안감까지도 상당 부분 해소할 수 있다. 살다 보면 나이는 먹고 있는데 내가 잘 살고 있는 것인지, 맞는 방향으로 가고 있는지 혼란스러울 때가 있을 것이다. 그런데 하루를 계획하고 실행하는 과정을 반복하다 보면 내가 무엇을 위해서 무슨 일을 하고 있는지 명확하게 인지하게 되고, 그것들이 결코 모호하게 사라지지 않으며 나의 경험치로 쌓이고 있다는 것을 확인할 수 있다. 설령 아침의 짧은 시간 동안 행한 일이라고 해도 그것은 온전히 내가 달성한 업적이 되는 것이다. 내가 세운 계획들, 미래에 대한 상상, 읽은 책의 페이지, 푸시업과 스쿼트의 숫자가 매일 늘어난다. 그게 1년이 되고 2년이 되면 어떤 변화가 일어날 것인가?

매일 아침에 하루를 계획하고, 우리가 쌓아가는 성취를 눈에 보이는 결과물로 기록하고, 또 그것을 바탕으로 매일 더 발전적으로 나아갈 수 있는 시스템을 갖춘 사람의 삶에는 막연한 불안감이 머무를 여지가 없다. 그래서 슈퍼모닝은 내 인생을 장기적인 관점에서 어떻게 컨트롤할 수 있는

지에 대한 이야기이기도 하다. 슈퍼모닝을 통해 아침마다 긍정적이고 생산적인 에너지가 가득 찬 자신을 발견하게 될 것이다. 매일 하루 중에서 가장 이른 시간에 이룬 성취는 자신을 더 생산적으로 만들어주고, 발전적인 방향으로 이끌며, 장기적으로 어떤 것이든 할 수 있다는 확신을 가져다준다.

밀도 있는
한 시간이 느슨한
10시간보다 낫다

우리는 한 번에 여러 가지 일을 처리하고 있다고 생각할 때가 있지만, 기본적으로 인간은 멀티태스킹을 할 수 없는 동물이다. A라는 텍스트를 읽으면서 손으로 B를 쓸 수는 없다. 멀티태스킹처럼 보이는 행위는 완전히 몸에 익어서 의식하지 않고도 자동으로 할 수 있는 행위이거나 혹은 '빨리 왔다갔다하는 것'이 대부분이다. 즉 공부할 때 귀로는 라디오를 들으면서 손으로 수학 문제를 푸는 건 집중하는 채널을 재빠르게 바꾸는 행위라고 볼 수 있다. 이렇게 하면 아무래도 집중력을 전환하는 데 있어 에너지 비용이 발생할 수밖에 없다. 그래서 멀티태스킹이 가능한 것처럼 보이는 행위가 실제로는 효율적이지 않다.

일상에서 어떤 일에 온전히 집중할 수 있는 시간은 생각보다 많지 않다. 직장에서 일을 하다가 동료와 이야기를 나눠야 할 때도 있고, 주변의 소음이 나를 방해하기도 한다. 그래서 하루 종일 일을 하는 것 같아도 알고 보면 다소 산발적으로 하고 있는 경우가 많다. 중간에 스마트폰도 보고, 동료와 잡담도 하다 보면 한번에 집중하는 시간이 의외로 짧은 것이다. 그러면 에너지가 모여서 퍼포먼스를 내기 어렵다. 나는 집중해야 할 때 아예 구글 타이머를 켜놓는다. 그때는 휴대폰도 비행기 모드로 하고 내 옆에 포스트잇을 붙여놓는다. '말 걸지 마시오!' 그렇게 에너지가 모일 때 주어진 시간을 효율적으로 쓸 수 있을 뿐만 아니라 실질적인 퍼포먼스가 난다.

주변에서 누군가 "계속 일을 하고는 있는데 생각보다 성과가 안 나온다"거나 "일이 요즘 안 풀린다"고 고민할 때에도 나는 "그 일을 한 시간 동안 집중해서 해보라"는 솔루션을 제안한다. 중요한 것은 5분, 10분씩 따로 모아서 일을 처리하는 것이 아니라 한 시간을 쉬지 않고 집중해야 한다는 점이다. 이렇게 하면 적어도 하루에 하나의 위대한 성과를 낼 수가 있는데, 그러다 보면 결국 성과를 내는 날이 그렇지 않는 날보다 많아지고, 그럼 곧 다시 "요즘은 일이 참 잘 풀리네!"라고 이야기할 수 있게 될 것이다.

에너지가 집중되는 시간을 만들어라

시간을 효율적으로 쓰는 방법으로 많은 사람이 멀티태스킹을 생각지만 사실 그렇지 않다. 나는 어떤 일을 잘하기 위해서는 한 시간 정도 집중하는 밀도 높은 시간이 필요하다고 생각한다. 물론 가능하다면 점차적으로 시간을 늘려가도 좋다. 그리고 이렇게 에너지를 집중시키기 가장 좋은 시간은 역시나 아침이다.

나는 아침 시간만큼은 중간에 다른 일을 하지 않고 온전히 슈퍼모닝의 루틴에 집중한다. 모두가 잠들어 있는 시간이고, 아무런 외부의 간섭이 없는 시간, 변수가 적은 시간이기 때문에 나의 의지만 있으면 이 시간 내내 에너지를 모아 집중하는 것이 가능하다.

슈퍼모닝으로 아침을 시작한다는 건 가장 퍼포먼스가 좋은 시간을 아침에 갖게 된다는 뜻이다. 이 경험은 자기 효용감을 엄청나게 높여준다. 보통 자신감이 없으면 그게 생활에서도 묻어나기 마련인데, 슈퍼모닝으로 아침에 이미 자신감이 생긴 상태로 하루를 시작하기 때문에 낮 시간이 다소 산만하게 흘러가도 무기력해지거나 자존감이 떨어지지 않는다.

매일 효능감을 느끼는 경험을 한다는 것은 그 자체로 매우 중요한 의미가 있다. 학창 시절 방학이나 직장인의 주말을 떠올려보면 '아무것도 안 했는데 시간이 다 지났네'라고 허무함을 느꼈던 경험이 있을 것이다. 이럴 때 하루에 몇 분이라도 시간을 내어 책을 20페이지씩 읽었다면 일주일 동안 140페이지를 읽었다는 이야기다. 그것만으로도 뭔가를 한 것이다. 그런데 스스로 어떤 과업을 수행했다는 뿌듯함을 느낄 만한 일이 전혀 없었을 경우에는 시간이 아무리 많아도 그 모든 시간이 그저 한순간처럼 뭉뚱그려져 흘러가버린다. 오늘부터 10년 동안 아무것도 하지 않으면 10년 동안의 누적적인 성장이 전혀 없이 10년 전의 나와 똑같은 상태인 것이다. 그렇게 흘려보낸 10년과 함께 사라진 가능성들을 생각해보면 아까운 일이다.

10대까지는 사회적인 시스템에 올라타서 어떻게든 공부를 하거나 진로를 찾으려고 노력하지만, 성인이 되면 강제하는 시스템이 없다 보니 인풋을 만드는 데 소홀해진다. 우리의 성장 그래프가 어느 순간 멈춰버리는 것이다. 이때부터는 스스로 에너지를 모으고 발휘하는 시스템을 만들어야 한다. 아직도 우리는 무엇이든 될 수 있다. 우리 앞에 남은 무수히 많은 아침 동안 적어도 그 하루에 대해 생각하는 시간을 갖는 것만으로도, 내 소중한 시간이 의미 없이 소멸되는 일은 일어나지 않을 것이다.

초보자가 시작할 수 있는 한 시간 루틴, SWORD

슈퍼모닝을 처음 시작하는 사람들에게는 딱 한 시간의 루틴을 권장한다. 처음에는 일단 침대에서 일어나고 책상에 앉아 자리를 잡는 데까지만 해도 30분쯤이 순식간에 지나가버린다. 책 몇 페이지만 읽어도 한 시간이 금방 끝나는 셈이다. 어느 순간 그게 부족하게 느껴지고 자신에게 필요하다면 시간은 차차 늘려가도 좋다.

물론 자신의 삶을 대하는 태도이자 방법이라는 근원적인 관점에서 보면, 슈퍼모닝의 루틴 자체에 꼭 어떤 순서나 정답이 있는 것은 아니다. 하지만 내 경험을 바탕으로 초보자들에게 딱 한 시간 동안 반드시 실행해보기를 권하는 다섯 가지 루틴 'SWORD'를 소개한다. 나라는 군주를 위해 일하는 기사들이 날카롭게 빛나는 검을 손에 들고 내 하루를 지켜주고 있는 것과 같은 강력하고 든든한 아침 루틴이다.

1. Stretching : 스트레칭하는 시간 [2분]

자고 일어나면 몸이 뻐근하게 뭉쳐 있는 것이 느껴진다. 이때 스트레칭은 침대 위에서 눈을 뜬 채로 딱 2분이면 충분하다. 몸이 뭉치는 곳은 크게 두 군데로, 바로 골반과 어깨다. 이때 온몸 구석구석까지 전반적인 혈액 순환을 돕고 혈류량을 높이는 활동이 바로 스트레칭이다.

침대에 대자로 누워서 머리와 등을 좌우로 왔다갔다 움직이면서 일단 어깨를 풀어준다. 뭉친 감각이 어느 정도 풀릴 때까지 움직여주면 된다. 그다음으로 등을 고정시킨 상태에서 다리를 들어 마찬가지로 좌우로 왔다갔다 움직이면서 허리 아래로 이어지는 막힌 혈류를 뚫어준다. 그렇게만 해도 몸에서 피가 돌고 있다는 느낌이 들기 시작할 것이다. 이제 자리에 앉아 목을 돌려주고 허리도 움직이면서 천천히 스트레칭을 마무리해준다.

나는 이렇게 기본적인 스트레칭에서 시작해 한 군데씩 늘려나가서 지금은 최대한 빠짐없이 몸 곳곳을 스트레칭해주고 있다. 하지만 처음에는 자는 동안 뻣뻣해진 상체와 하체를 의식적으로 각각 1분씩 풀어주는 것만으로도 아침을 깨우는 개운한 신호가 되어줄 것이다. 간단한 동작이지만 이를 지속하다 보면 오늘보다 내일 우리 몸은 조금 더 유연해진다.

2. Workout : 몸에서 땀을 내는 시간 [4분]

스트레칭과 운동은 별개다. 스트레칭으로 밤새 굳은 몸을 풀어줬다면 이번에는 땀이 날 만큼 적당한 강도의 운동을 해주는 것이 좋다. 온몸의 말초신경을 자극하는 활동을 통해서 몸과 마음의 에너지를 끌어올려주는 것이다.

4분 안에 몸에 땀을 낼 만큼 집중적인 운동을 할 수 있는 방법으로 추천하는 것은 바로 타바타다. 20초 동안 운동하고 10초 동안 휴식을 반복하는 운동법으로, 올블랑 채널에서 딱 4분짜리 영상을 한 번만 따라해봐도 바로 효과를 느낄 수 있을 것이다. 겨우 4분으로 운동이 될까 싶을 수도

있겠지만, 많은 운동선수나 메달리스트와 함께 운동을 해
봐도 타바타를 하면서 땀이 안 났던 사람은 없었다. 짧은
운동이지만 본격적으로 하루를 시작할 수 있도록 상쾌한
기운을 불어넣어주는 시간이다.

3. Oasis : 감사 일기 [4분]

이제 책상 앞에 앉아서 사막에서 오아시스를 만나는 것
처럼 일상 속의 감사한 일을 찾아 몇 줄의 일기로 적어보
자. 나의 경우 처음에는 그냥 일기를 썼다. 어제 일어난 일
을 그냥 나열해보다가 어느 순간부터는 감정을 함께 쓰기
시작했다. 그런데 그걸 들여다보니 우울함 감정이 꽤 많았
다. 똑같은 상황을 어떤 사람은 우울하게 바라볼 수도 있
고, 어떤 사람은 밝은 측면을 찾을 수도 있을 것이다. 나는
내 삶을 우울하게 바라보는 사람이 되고 싶지는 않았다.
그래서 하루에 있었던 일에 감사한 마음을 갖자는 관점으
로 일기를 써보면 어떨까 싶었다. 그때부터는 본격적으로
감사 일기를 쓰기 시작했다.

언뜻 감사한 일이 매일 일어나지는 않는다고 생각할 수

도 있겠지만, 관점을 바꿔보면 감사한 일은 수없이 많다. 아침에 집에서 일찍 나선 덕분에 커피 한 잔을 사서 하루를 시작할 수 있어서 감사하고, 어제 우주에서 어떤 사람이 숨을 쉬지 못해 죽는 영화를 보았는데 지금 내게는 숨쉴 수 있는 공기가 있다는 사실에 감사하고, 예전에 잃어버렸던 파일을 우연히 외장하드에서 찾아낸 것도 감사한 일이다. 나는 어떤 날엔 심심해서 감사한 일을 하루에 100개까지도 찾아 써본 적이 있다.

감사 일기는 일상에서 벌어지는 사소한 일에 의미를 부여하는 작업이고, 이는 매일 있었던 일에 대해 긍정적인 시선으로 바라보는 연습이 된다. 작은 일에 대해서도 사막의 오아시스를 만나듯 크게 감사하는 마음을 갖게 되는 것이다. 그게 익숙해지니 설령 객관적으로 안 좋은 일이 생긴다고 해도 그것이 실패가 아닌 거름이라는 생각을 할 수 있게 됐다. 부정적인 사건으로 남는 것이 아니라 다음을 위한 양분이 되리라는 시각으로 바라볼 수 있게 된 것이다. 그러니 어떤 일에도 쉽게 흔들리지 않으며 단단하고 밝은 마음으로 하루를 시작할 수 있었다.

아침마다 4분 동안 다섯 개 정도의 감사 일기를 써보는 것을 추천한다. 하루에 다섯 개의 감사 일기를 쓴다고 하면 1년에는 1,800개가 쌓인다. 1년 동안 1,800개의 감사한 일이 있었던 사람의 일상이 불행할 수 있을까? 감사 일기를 꾸준히 쓰면 일상에서 감사한 일들을 바라보는 관점을 다각화할 수 있다는 실질적인 효용도 있다. 내 삶을 사랑하는 방법을 수없이 많이 가르쳐주는 작업인 셈이다.

4. **R**eading & Reflection ：독서 및 자신을 돌보는 시간 [약 20분]

나는 매일 아침에 책을 50페이지 정도 읽는 것을 목표로 삼는다. 오디오북으로 2배속해서 들으면 보통 50분 정도가 걸리는 분량인데, 실제로 듣는 것보다 눈으로 읽는 속도가 두 배 정도는 빠르기 때문에 20분이면 충분할 것이다. 나는 정독하기보다는 자주 반복해서 읽는 것이 더 효율적이라고 느낀다. 그래서 독서할 때만큼은 느긋하게 취미 생활을 한다는 느낌으로 읽기보다는 집중력이 분산되기 전에 빠르고 전투적으로 읽는다. 따라서 독서는 침대보다 책상을 권한다.

독서가 끝났다면 오늘 읽은 내용을 세 줄 정도로 노트에 요약해본다. 세 줄이면 짧은 분량이기 때문에 그리 오래 걸리지 않지만, 처음에는 생각보다 어려울 수 있다. 요약하려면 읽었던 내용을 다시 떠올려야 하는데 내용은 잘 떠오르지 않고 좋은 글을 읽었다는 긍정적인 감정만 남은 상태일 때가 많기 때문이다. 이런 경우는 독서를 안 했다고 할 수는 없지만, 그 내용을 충분히 내 것으로 만들었다고 하기도 어렵다. 물론 수험생처럼 50페이지가량의 내용을 한 글자도 빠짐없이 기억하라는 뜻이 아니다. 책에서 읽은 내용을 나의 언어로 녹여내어 짧게 재구성해보는 것이다. 그 과정에서 책 속의 내용이 나를 위한 문장으로 남게 되고, 실질적으로 우리는 책의 내용이 아니라 바로 이 문장들을 강하게 기억하게 된다. 50페이지를 세 줄로 요약한다면, 6일 동안 읽은 300페이지의 책은 18줄로 요약해 기억할 수 있게 되는 셈이다.

그리고 바로 이어서 해야 할 작업은 독서 후의 내 느낌과 감정을 다시 세 줄로 적어보는 것이다. 책의 내용을 요약하는 것이 읽은 내용을 출력하는 작업이었다면, 내 느낌을 적는 작업은 기존의 내 경험이나 생각을 책의 내용과 연결 짓는 융합적 사고 연습이다. 우리가 어떤 문제를 해결할 때 해당 분야에만 골몰하는 것이 아니라 전혀 다른 영역의 개념을 적용해 완전히 새로운 해결책을 떠올리게 될 때가 있다. 서로 다른 두 가지 영역에서 중간 지점을 찾는 것이 아니라, 창의성을 발휘하며 자유롭게 생각을 뻗어 나가는 데 있어 이런 융합적 사고 방식은 큰 도움이 된다. 실제로 소프트뱅크의 손정의 회장은 서로 다른 두 가지 혹은 세 가지 개념을 연결해서 기존의 문제점을 해결하는 새로운 발명 특허들을 등록했다고 한다.

이렇게 책을 세 줄로 요약하고 느낀 점도 적었다면, 이제 마지막으로 내가 바라는 오늘 하루의 가장 이상적인 모습을 긍정적으로 상상해보자. 오늘 계획된 일들이 아주 잘 해결되는 모습들을 떠올려보기도 하고, 마음껏 긍정 회로를 돌려 우연한 행운이 발생하는 장면들을 그려보기도 한다. 이 상상은 매우 디테일할수록 좋다. 내게 일어날 수 있는 가장 좋은 일이 일어나는 그 순간에 내가 어떤 옷을 입고 어떤 신발을 신었는지까지 말이다. 이 연습을 하다 보면 긍정적인 미래를 만들기 위해 내가 실제로 준비해야 할 의외의 것들이 도출된다. 처음에는 그저 상상이었지만, 손에 잡힐 듯이 구체적인 상상은 우리가 이를 실행할 수 있는 초석이 되는 것이다.

5. **D**esign : 계획을 세우는 시간 [30분]

슈퍼모닝에서 가장 필수적인 과정이 내 삶과 오늘 하루의 계획을 세워보고 내 삶의 전반을 디자인해보는 시간이다. 처음에는 가장 비중이 높은 30분을 배분하고, 이 시간은 자신의 필요에 따라서 점차적으로 늘려갈 수도 있을 것이다. 사실상 시간 관리는 우리의 인생 전체를 관장한다고 해도 과언이 아니다. 아침에 자신이 할 수 있는 선에서 하루를 미리 계획하고 준비하면서, 시간에 끌려다니는 게 아니라 내가 시간을 어떻게 쓸지 결정해야 한다. 계획을 세우기 시작하는 방법, 그리고 매일의 계획을 기반으로 삶을 움직이는 시스템을 설계하는 구체적인 방법인 8M에 대해서는 다음 장에서 자세히 다뤄보겠다.

인생을 디자인하는
가장 효율적인 시스템, 8M

　궁극적인 삶의 목표, 라이프 골을 향해 내 삶을 디자인하는 과정을 보다 즐겁게 수행하기 위해 나는 몇 가지 상상을 곁들인다. 우선 나 자신이 내 삶을 이끌어가는 게임 속 군주라고 생각하는 것이다. 그리고 내 삶을 열두 가지의 카테고리로 나누어 각각의 영역을 담당하는 기사들과 아침마다 원탁 회의를 한다고 가정한다.

　여기서 제시하는 8M은 내 삶을 디자인하는 방법에 대한 가이드가 되어줄 수 있는 여덟 단계다. 군주가 되어 내 삶을 구성하는 요소 전반을 관리한다고 하면 어떻게 해야 할까? 먼저 군주의 인생 목표를 설정하고 그것을 달성하기 위한 세부 카테고리를 만든다. 그 세부 카테고리를 담당하여 관리하는 기사가 있고, 그 기사는 군주를 위해 충성을 다해 일한다고 설정한다. 기사가 담당 업무를 어떻게 처리하느냐에 따라서 각 기사의 상태창이 업데이트될 것이다. 우리는 이 시스템을 바탕으로 내 삶을 한눈에 바라보고 관리할 수 있다.

삶을 한눈에 바라보고 관리하려면 당연히 그 스케일이 작지 않고 다루어야 할 안건들도 매우 다양하다. 나는 지금 열두 명의 기사와 아침 회의를 진행하지만, 나 역시 이처럼 촘촘한 관리 시스템을 한순간에 완성한 것은 아니다. 처음에는 기사를 한두 명 정도로 설정하여 카테고리를 좁게 시작하는 게 좋다. 이 시스템이 익숙해지면 점차 관리하는 기사의 수를 늘려갈 수 있다. 즉 내 삶을 빈틈없이 내의지대로 발전시켜갈 수 있게 되는 것이다.

아래는 20대 사회 초년생의 예를 들어 8M으로 인생을 설계하는 과정이다. 해당 사례에서는 여덟 명의 기사를 관리하는 슈퍼모닝 중상급자의 방법을 예시로 들었다.

1. Monarch 10yrs Aim : 군주의 10년 목표

군주(나)는 10년 단위로 인생 목표를 세운다.

① 20대에 규모 있는 직장에서 세상을 크게 보는 경험을 쌓고

② 30대에 사업을 시작하여 명성을 얻고

③ 40대에 쌓인 명성과 경험으로 목표한 부를 이룩하고

④ 50대에 기존 진행한 규모보다 100배 큰 사업에 도전한다.

⑤ 60대에 후진을 양성하고 사회에 기여하는 데 몰입한다.

2. Managing Category : 관리 범주

군주는 목표를 고려하여 자신의 삶에서 관리되어야 할 카테고리들이 무엇이 있는지 도출한다. 이 카테고리는 해가 바뀔 때마다 필요에 따라 변경하거나 업데이트할 수 있다.

① 재무(적금, 주식) ② 인간 관계(친구, 연인, 동료, 가족) ③ 정신 건강(감사일기, 명상, 종교 활동) ④ 신체 건강(운동, 식사, 치료) ⑤ 업무 ⑥ 독서 ⑦ 외국어 ⑧ 외모

중상급자 기준으로 여덟 개 카테고리의 예시를 들었기 때문에 관리해야 하는 카테고리가 너무 많다고 생각할 수도 있다. 그런데 하나하나 잘 들여다보면 이미 이 시기의 사회 초년생들이 각자의 방식으로 관리하고 있는 영역들이다. 그것을 의식적으로 분류하여 아침마다 영역별로 계획하고 관리하는 방법을 만들어간다고 생각하면 된다. 그리고 이 각각의 카테고리를 각각의 기사들이 담당한다. 각자 원하는 세계관을 적용해도 좋은데, 나의 경우는 유럽 중세의 군주와 기사 용어를 따온 것이다.

3. Managing Level : 목표 단계

군주는 각 기사의 목표와 달성 기한을 설정한다. 목표는 각 기사의 레벨을 올리는 것으로 정하고, 레벨은 경험치가 100만큼 쌓일 때마다 1씩 오른다. 이 시스템을 바탕으로 우리는 각 기사의 상태창을 관리할 것이다.

① 재무의 기사 목표 : 이번 달에 Level 1 상승
② 인간 관계의 기사 목표 : 이번 주에 Level 3 상승
③ 정신 건강과 종교의 기사 목표 : 이번 주에 Level 2 상승

④ 신체 건강의 기사 목표 : 이번 주에 Level 2 상승

⑤ 업무의 기사 목표 : 이번 주에 Level 50 상승

⑥ 독서의 기사 목표 : 이번 주에 Level 1 상승

⑦ 외국어의 기사 목표 : 이번 주에 Level 2 상승

⑧ 외모의 기사 목표 : 이번 주에 Level 1 상승

4. Managing Exp : 경험치 포인트

각 기사마다 경험치가 오르는 기준을 정한다. 각 기사의
상태창에는 경험치가 오른 활동들을 적시한다.

① 재무의 기사

　- 매월 월급의 30%를 적금하면 경험치 50 상승

　- 주식에 월급의 15%를 매월 투자하면 경험치 50 상승

② 인간 관계의 기사

　- 하루간 욕을 하지 않거나 선행을 베풀면 경험치 10
　상승

　- 소개팅을 한 번 하면 경험치 10 상승

　- 가족에게 안부 전화하면 경험치 10 상승

③ 정신 건강과 종교의 기사

- 감사 일기를 쓰면 경험치 10 상승

- 명상을 하면 경험치 10 상승

- 기도 등 종교 활동을 하면 경험치 10 상승

④ 신체 건강의 기사

- 헬스장에 가면 경험치 10 상승

- 건강식(짜거나 기름지지 않은 음식)을 먹으면 경험
치 10 상승

- 아픈 곳이 있을 때 병원에 가면 경험치 10 상승

⑤ 업무의 기사

- 출근을 30분 일찍하면 경험치 10 상승

⑥ 독서의 기사

- 책 한 권 완독 시 경험치 50 상승

⑦ 외국어의 기사

- 하루 외국어 단어를 10개 외우면 경험치 10 상승

- 인강 한 단원 학습 시 경험치 10 상승

- 시험에 응시할 경우 경험치 50 상승

⑧ 외모의 기사

- 피부과 방문 시 경험치 50 상승

- 홈케어 시 경험치 10 상승

- 미용실 방문 시 경험치 10 상승

- 헬스장 가면 경험치 10 상승

5. Managing Status Window : 상태창 관리

각 기사의 목표를 이뤄나가기 위한 과정을 상태창으로 관리한다. 항목에는 어제 오른 경험치를 적는다.

* 화요일 상태창

① 신체 건강의 기사 Lv.1 경험치 30

- 헬스 (경험치 +10)

- 건강식 (경험치 +20)

- 병원 (경험치 ±0)

* 기본 정보

- 몸무게 74kg

- 키 183cm

- 체지방 10%

- 근육량 38kg

* 수요일 상태창

① 신체 건강의 기사 Lv.1 경험치 70

- 헬스 (경험치 +10)

- 건강식 (경험치 +30)

- 병원 (경험치 ±0)

* 기본 정보

  - 몸무게 74kg

  - 키 183cm

  - 체지방 10%

  - 근육량 38kg

6. Managing Schedule : 스케줄 관리

주간 스케줄러에 기사들의 목표를 이뤄나가기 위한 활동들을 배치한다.

① 신체 건강의 기사

  - 월 오전 7시 헬스장, 점심 샐러드, 저녁 일반 건강식

  - 화 오전 7시 헬스장, 점심 일반 건강식, 저녁 일반 건강식

  - 수 오전 7시 헬스장, (점심 회식) , 저녁 일반 건강식

  - 목 오전 7시 헬스장, 점심 일반 건강식, 저녁 일반

건강식

- 금 오전 7시 헬스장, 점심 식단 도시락(닭가슴살, 브로콜리 등), 저녁 술 약속
- 토 아점 일반 건강식, 오후 2시 정형외과 치료, 저녁 일반 건강식
- 일 아점 일반 건강식, 저녁 일반 건강식

7. Morning Tracking : 아침 트래킹

매일 오전 슈퍼모닝 시간에 목표를 위한 활동들이 잘 이뤄지고 있는지 점검한다.

8. Modification : 개선을 위한 재조정

계획대로 진행되지 않는다면 스케줄을 재조정하여 목표를 달성할 수 있도록 한다.

- 헬스를 못 갔으면 주말에 헬스 일정을 추가한다.

나는 주로 노션을 이용해서 이와 같은 시스템을 관리한다. 같은 데이터베이스를 넣어도 때로는 전체적인 캘린더

로 볼 수 있고, 때로는 표로 바꾸어 세부적인 흐름을 볼 수 있기 때문에 편리한 점이 있다. 이미 기업에서는 각 팀이나 프로젝트별로 세부적인 스케줄 관리를 하는 경우가 많고, '올블랑'의 경우에도 내부에서 콘텐츠별로 '주제, 운동 부위, 담당자, 장소, 편집 진행 상황' 등의 세부 항목을 나누어 스케줄표를 공유하고 있다. 그런데 개인의 경우 이런 정돈된 표를 사용하는 사람이 많지 않은 이유는 초기 단계에서 이러한 시스템을 만드는 것 자체에 시간과 노력이 많이 들다 보니 사전에 포기해버리기 때문이다. 당연히 처음부터 너무 많은 항목을 집어넣어 관리하려고 하면 그걸 만드는 것 자체가 일이 되어버린다. 일단 간단한 프레임을 만드는 것부터 시작해서 누적적으로 늘려가고 쌓아나가면 된다.

나처럼 슈퍼모닝을 영상으로 찍어 공유하거나 기록하고 싶은 사람들을 위해 슈퍼모닝을 시작하기 전에 준비해두면 좋은 체크 리스트를 소개한다. 혼자서 지속하는 것도 좋지만 이를 기록하는 것은 활동을 축적하고 업그레이드할 수 있기 때문에 계속 발전할 수 있는 환경을 조성하는 좋은 방법이 된다.

✓ 충전된 노트북, 태블릿, 태블릿 펜슬
✓ 노트북, 스마트폰, 조명용 멀티 충전기 및 케이블
✓ 태블릿과 모니터를 연결하기 위한 HDMI 케이블
✓ 읽을거리 (전자책으로 대체 가능)
✓ 메모할 메모장(노트북이나 태블릿으로 대체 가능)
✓ 유튜브 슈퍼모닝 라이브 스트리밍을 위한 조명 (휴필립스, 나노라이트, 휴대용 조명, 바 형광등)
✓ 식품(과일, 사과주스, 커피, 물, 닭가슴살 등)
✓ 운동을 위한 라텍스 밴드
✓ 편안한 복장
✓ 유튜브 촬영용 카메라 거치대, 카메라 충전기

02.

짧은 시간에
효율적으로 하루을
계획하는 법

내 삶을
구성 요소별로
나눠보자

Optimization, 최적화.

주어진 조건이나 환경 아래에서 시스템의 목적 효과를

최대로 하는 일.

나는 대학에서 산업공학을 전공했다. 보통 산업공학을
가리켜 인간의 시스템을 최적화하는 학문이라고 한다. 인
간의 시스템은 우리 생활의 모든 분야와 밀접하게 연관되
어 있다. 이를테면 햄버거 가게에서 메뉴를 주문할 때 어
떻게 줄을 서는 것이 효율적인지, 차 문을 열 때는 어떻게
최소한의 동선을 만들어낼지, 금융 시스템에서 거래를 통
해 어떻게 최고의 이익을 낼 수 있을지 찾는 것도 모두 최

적화된 시스템의 역할이다. 그래서 산업공학과 전공자들을 오케스트라의 지휘자에 비유하기도 한다. 공학과 관련된 10개가 넘는 전공에 대해 얕게라도 골고루 배우고 파악하기 때문이다. 기업에서도 각각의 전공을 가진 사람들과 중심에서 소통하는 역할을 맡는 경우가 많다.

어릴 적 나의 꿈은 만화영화에서 보던 로봇 조종사였는데, 대학원을 졸업한 뒤에 국방과학연구소의 연구원으로 일하게 됐으니 나름대로 비슷한 진로를 찾아간 셈이다. 간단히 말해서 무기를 개발하는 곳인데, 로봇을 컨트롤하는 것처럼 다양한 영역의 지식과 융합이 필요했다. 만약 전투기에 달린 미사일을 개발한다고 하면 각 전공자들의 전문적인 협업이 있어야 한다. 기계공학과 부서가 모터를 담당하고, 항공과에서 로켓이나 추진체를 담당하고, 전체적인 형상을 설계하는 형상설계부서가 있고, 공기 저항을 줄이도록 디자인하는 부서가 또 따로 있는 식이다. 내 역할은 그 각각의 역할을 중간에서 스케줄링하고 각 부서의 KPI를 확인하며 전체 예산을 할당하고, 무기를 가상으로 시뮬레이션하는 것이었다.

이때 시뮬레이션을 하려면 실제 마찰이나 중력까지 현실과 완전히 똑같은 상황을 설계해야 한다. 그리고 가상으로 교전을 시켜본 뒤 결과에 따라서 설계를 조금씩 수정해 나가는 것이다. 이걸 엄청난 시간 동안 반복하고, 언제까지는 반드시 원하는 결과가 나올 수 있도록 목표치를 설정한다.

생각해보면 이 과정은 우리 삶의 자기 계발과도 비슷한 시스템이라고 할 수 있다. 하나의 목표값을 위해서 다양한 요소를 조절하고 최적화해야 하는 것처럼, 우리의 삶도 하나의 덩어리가 아니라 다양한 구성 요소로 나누어 바라볼 수 있다. 그리고 이를 각각 최적화했을 때 그 결과가 맞물리며 삶의 궤도가 원하는 목표에 정확하고 빠르게 도달할 수 있다.

나는 대학원을 나오고 연구원으로 일할 때까지 이러한 마인드를 베이스로 살았기 때문에, 삶의 모든 것을 최적화의 관점에서 바라봤고 자연스럽게 나라는 개인의 삶을 최적화하는 데에도 관심을 가지게 되었다.

나만의 KPI를 만들어라

나를 이루는 구성 요소들을 각 카테고리로 쪼개보면 내 삶을 이루는 모든 영역을 하나하나씩 들여다볼 수 있다. 각각 영역의 조각들이 빈틈없이 맞춰져서 나의 삶을 이룬다는 사실을 이해하게 되는 것이다. 인간관계에 문제가 있을 때 업무에 영향을 미치는 경우가 있고, 다이어트에 성공했을 때 자존감이 올라가는 것으로 연결되기도 하듯이 각 요소들은 나라는 한 사람을 구성하는 데 밀접한 영향을 주고받는다. 이를 구체적인 카테고리로 나누어 하나씩 들여다보고 각각의 레벨을 올려가는 것은 궁극적으로 나라는 한 사람을 발전시키기 위해서 너무나 당연하고 자연스러운 과정인 셈이다.

이때 효율적으로 결과에 도달하기 위해서는 전략의 개념이 중요하다. 기업에서도 전략이라는 말을 자주 사용하는데, 간단히 말해 어떤 목표 지점까지 가는 데 걸리는 비용과 시간과 인력을 적절히 할당하는 것을 뜻한다. 우리 제품이나 서비스를 개발하는 데 자원을 어떻게 투자하고

슈퍼모닝

어떤 목표치의 프로젝트를 만들 것인지 효율적으로 계획해가는 것이다.

기업에서 어떤 제품을 하나 만드는 데에도 이처럼 목표 설정과 전략적인 과정이 필요한데 사람의 인생은 어떨까. 우리의 삶은 기업보다 훨씬 복잡하며 또한 잠재력도 무한하다. 누군가는 UN 사무총장이 되고, 누군가는 우주로 로켓을 쏘아올리고, 누군가는 유유자적 전원 생활을 즐기기도 한다. 원하는 것도 각기 다르고 가능성도 재단할 수 없이 다양하다. 그렇다면 오히려 각각의 지향점에 따른 더 촘촘한 체크 포인트와 시뮬레이션이 있어야 그 다양한 목표와 니즈에 효율적으로 도달할 수 있지 않을까? 다시 말해 내 삶의 각 영역에서도 핵심성과지표, 즉 KPI를 정하고, 조율하고, 목표에 도달할 수 있도록 시뮬레이션할 필요가 있는 것이다.

나는 어떤 조직이나 기업, 나아가 국가를 운영하는 목표와 한 인간이 가진 꿈의 크기가 다르지 않다고 느꼈다. 심지어 개인에게는 이 꿈과 목표가 인생 전체의 모습과 결과를 결정지을 만큼 영향력이 크다. 즉 기업이나 정부에도 어떤 목표를 위해 각기 담당하는 부서가 있는 것처럼 한 인간의 삶에도 목표에 도달하기 위한 전략 문서가 필요할 수 있다. 슈퍼모닝을 통해 내 인생을 전략적으로 관리해가는 시스템은 바로 이러한 발상에서 출발했다.

'나'라는 기업을 운영하는 대표가 되어야 한다

　지금은 크리에이터이자 기업 '올블랑'을 설립해 대표를 맡고 있지만 30대 초반 즈음까지는 회사에 다녔다. 어떤 조직이든 각 역할별로 부서가 나뉘어 있고 각각의 KPI가 있다. 동시에 각 부서별 목표는 궁극적으로 공통된 목표와 비전을 바라봐야 한다. 그 비전을 효율적으로 실행하기 위해서 부서를 나누고 일의 영역과 책임을 구분하는 것이다. 비단 회사만 그럴까. 각종 소규모 동아리나 학회 등에도 각기 역할을 맡은 부서나 팀이 존재한다.

　'법인法人'은 한자 그대로 법으로 세운 사람이라는 뜻이다. 법적인 사회 테두리에서 사람이 재화와 서비스를 창출하기 위해 본부나 팀을 만들고 그 각각에 역할을 부여하는 조직이 바로 기업이다. 그때 조직은 자신이 달성하고 싶은 목표를 향해 정확한 프로세스를 거쳐 이행해나가는데, 그 범위를 한 사람의 인생으로 좁혀 생각해봐도 이 시스템은 다르지 않다. 나라는 사람을 경영하는 방법이 기업이나 조직을 경영하는 방법과도 비슷하다는 것이다. 그런데 우리는 삶에서 이러한 과정을 많이 생략하면서 살아가고 있다.

사람의 삶에 있어서도 혼자 모든 것을 수행하는 것이 아니라 부서를 나누어 조직처럼 경영하는 것이 효율적이지 않을까? 마치 어떤 정예 팀이 와서 내 인생을 비서처럼 체크해주고 영역별로 관리한다면, 그렇게 내가 기업처럼 움직인다면 좀 더 성공할 가능성이 높지 않을까.

처음에는 그런 추상적인 생각으로 반신반의하면서 내 삶의 영역을 나눠 관리해보기 시작했다. 그리고 그렇게 하면 할수록 이렇게 해야만 내가 원하는 목표에 다다를 수 있다는 확신이 들었다.

처음에는 일단 내가 하고 싶은 걸 종이에 써보고, 그 과정에 대한 초단기 목표부터 장기 목표까지 단계적으로 생각해봤다. 목표가 클수록 그곳에 도달하는 과정도 쉽지는 않을 것이다. 차근히 과정을 밟아간다 해도 최종 목표에 도달하기 위해서는 나의 노력뿐 아니라 많은 우연과 행운, 주변 사람의 도움이 필요하다. 하지만 그럴수록 목표까지 놓여 있는 정확한 디딤돌을 밟아가지 않으면 중간에 길을 잃기 쉽다. 내가 원하는 인생을 살려면 결국 나라는 사람을 더욱 체계화할 필요가 있었다.

나를 운영하는 방법

내 인생을 혼자 경영해간다는 것은 마치 하나의 기업을 운영하는 것과 같다. 그렇다면 이때 나를 중소기업으로 만들 것인가, 대기업으로 만들 것인가? 자신의 삶을 경영하려고 하지 않거나 혹은 주먹구구식으로 1인 기업을 운영하듯이 살아갈 수도 있겠지만 우리가 이루고 싶은 목표는 대부분 대기업에 준한 수준일 것이다. 그럼에도 많은 사람이 중소기업은커녕 아예 사업자 등록도 하지 않은 채로 살고 있다. 지금부터라도 기업을 운영하기 시작해야 점차 규모를 키워갈 수 있다.

기업이 성장하고 스케일이 커진다면 점점 더 많은 인력과 체계화된 시스템이 필요해질 것이다. 작은 기업에서 큰 기업으로 발전할수록 서비스가 다양해지고 복잡도가 높아지기 때문이다. 즉 나라는 사람이 더 큰 목표를 가지고

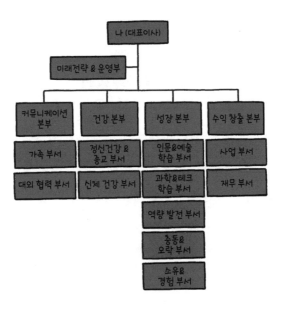

성장할수록 내가 관리해야 하는 영역은 더 늘어나게 된다.

그러려면 내 삶을 운영해갈 수 있는 내가 여럿인 팀이 필요했다. 분신술을 쓸 수는 없으니까 우선 나라는 사람이 가진 다양한 역할과 책임을 바탕으로 일종의 자아 분리를 시도해봤다. 내 안에 여러 개의 부서를 두고 각기 KPI를 정하며 달성해나갈 수 있도록 관리하기 시작한 것이다.

실제로 이런 시스템을 내 인생에 적용해보면서 점점 더 내 인생을 이끌어가는 것이 하나의 조직, 기업, 국가를 움직이게 하는 것과 다르지 않다는 확신이 생겼다. 나라는 기업을 체계적으로 관리하여 이전보다 확실하고 빠르게 성장시킬 수 있다는 확신 말이다.

주인 의식은 회사가 아니라 나에게 가지는 것

직장인의 자기 계발서에는 흔히 '주인 의식을 가지라' 는 조언이 많이 나온다. 회사를 다니면서 일에 대해 주체적인 책임감을 가지고 이끌어간다는 마음가짐을 가져야 한다는 말이다. 주인 의식이 있어야 진취적으로 업무를 처리하며 발전해나갈 수 있다는 충고지만, 요즘은 이에 대한 의견이 분분하다. 회사의 사장도 아닌데 일개 직원이 주인 의식을 가져도 할 수 있는 게 없다거나, 주인 의식을 가질 만큼의 보상이 먼저 필요하다는 등의 반론도 나오고 있는 것이다.

그런데 회사가 아니라 나의 주인이 누구인지 고민해본

슈퍼모닝

적이 있는가? 사람들은 회사에 대해서는 주인 의식을 논하지만 정작 자기 자신에 대해서는 주인 의식을 연관지어 생각해보는 일이 별로 없다. 이전까지는 나의 삶을 경영할 대상으로 보지 않았기 때문이다. 하지만 내 삶의 부서를 나누고 기업을 운영하듯 나를 경영하기 시작하면 이제부터 주인 의식이 중요해진다. 회사와 달리 나에게 주인 의식을 가지면 무엇이든 시도할 수 있고, 그만큼의 보상도 뒤따라오기 때문이다.

사실 현대를 살아가는 우리의 삶은 굳이 주도적인 태도를 갖지 않아도 큰 문제가 생기지는 않는다. 국가라는 기반 아래 복지 시스템이 있기 때문에, 학교에 다니고 대학을 가서 취업까지 하면 자연스레 사회적인 컨베이어 벨트에 올라타는 셈이 된다. 그 와중에 나름대로 미니멈한 계획 정도는 세우기 마련이다. 오늘은 두 시간 동안 운동을 하자, 내일은 책 30페이지를 읽자는 식의 느슨한 계획으로 나름대로의 자기 발전을 꾀한다. 그래서 개인적으로 큰 비전을 짜거나 목표를 촘촘하게 세우지 않는다고 해서 대단한 리스크가 발생하지는 않는다.

이 덕분에 우리는 살면서 자신이 아니라 타인의 기준에 휘둘리거나 아예 타인의 시스템에 나를 맡겨버리는 경우가 생각보다 많다. 이렇게 인생을 굴러가게 두면 나의 목표는 점점 작아지게 되고, 내가 애초에 원했던 것들과는 동떨어진 삶을 살아가게 된다.

내가 진정으로 원하는 삶을 구체적으로 생각하고 체크해나가다 보면 의외로 사회에서 나를 키워가는 방향과는 다르다는 사실을 깨달을 수 있다. 사회에서는 "이건 이렇게 해야 돼"라는 가벼운 말부터 시작해서 집단과 동기화하는 측면으로 개인을 이끄는 경향이 있다. 사회가 요구하는 통념이 창의적으로 생각할 수도 있었던 방향을 컨베이어 벨트로 틀어버리는 것이다. 그러다 보면 내가 생각하지 않아도 사회가 나를 조종한다. 자신이 정말 하고 싶은 일을 찾고 싶고 꿈에 대해 고민하고 있다고 해도, 주체적으로 살아가는 시스템에 익숙하지 않으면 끊임없이 사회가 나에게 요구하는 통념대로 회귀하거나 흔들릴 수 있다.

문제는 내가 주체성이 있는 삶을 살고 싶을 때다. 학교나 기업 등의 사회적 시스템에 종속되어 살아가는 것이 아니라 그 이상의 가치를 욕망하는 사람이 현재 수준에서의 시스템에만 서 있으면 그 욕망을 달성하기 어렵다. 자기가 원하는 것과 지금 내가 서 있는 시스템에 괴리가 있으면 절대적으로 거기에 도달할 수 없다. 그래서 자신이 원하는 목표에 도달할 만큼의 새 시스템을 만들어야 한다.

나에게 주인 의식을 가졌을 때 생기는 일

매 순간의 매 선택마다 영향을 미치는 수많은 요소를 파악하고 스스로 영향력을 행사할 수 있다면 어느 정도는 우리의 삶을 컨트롤하는 것이 가능해진다. 설령 현재 또렷한 목표가 없다고 해도 어느 정도 스스로의 삶에 대해 들여다보고 고민할 필요가 있다. 그런 경험이 내가 원하는 것이 있을 때 언제든지 그 일을 시도할 수 있는 기반이 되기 때문이다. 또 애초에 사회가 원하는 것이 아니라 내가 진정 원하는 것을 발견하는 힘을 가질 수 있다. 그게 우리가 자기 주도적인 시스템에 올라타야 하는 이유다.

내면을 깊게 들여다볼수록 인간이란 정말 복잡한 동물이다. 적어도 인간이 복잡한 존재라는 사실을 인지하고 행동의 알고리즘을 이해한다면 주도적인 삶을 살아가는 데한층 도움이 될 것이다. 목표한 시점에 목표한 장소까지 도달하기 위해 내 행동을 변화시키려면 무엇을 고려해야 하는지 판단할 수 있기 때문이다.

내 인생은 결국 누구도 아닌 내가 주인 의식을 가지고 키워가야 한다. 온전히 내가 설계하고 살아내며 책임져야만 하는 것이다. 내 삶을 소중히 여길 때 우리는 누가 시키지 않아도 주체성에 대해 생각하게 된다. 그래서 내 인생을 스스로가 원하는 대로 이끌어가고 싶은데 방법을 모르거나 좀처럼 실천으로 이어지지 않는 사람들에게 든든한 기반이자 이제 막 시작하는 나만의 사업체로써 슈퍼모닝이 필요하다. 내가 어떤 방법으로 발전할 수 있는 사람인지 찾는다면 좋은 이론이나 루틴을 나에게 맞게 커스터마이징도 할 수 있게 될 것이다.

03.

인생을 어떻게
운영할 것인가

나는 어떤 부서로
이루어져 있을까

　우리의 삶이 하나의 기업을 운영하는 것과 다르지 않다면 내 안에 여러 개의 팀과 그 팀을 이끄는 팀장들이 있다고 가정해도 무방할 것이다. 꼭 기업이 아니라도 된다. 나는 어릴 때부터 판타지 소설이나 무협지 같은 장르를 좋아했다. 요즘 유행하는 회귀물처럼 내가 그 세계에서 다시 태어나면 어떨까 하는 상상을 해보기도 했다.

　그런데 반대로 그 세계를 내 안에 가져온다면 어떨까. 내 안에 각기 다른 업무를 담당하는 기사나 마법사, 요정 같은 것들이 살고 있다면 삶을 경영하는 것이 조금 더 재미있어지지 않을까.

그래서 아침마다 하루의 계획, 일주일의 계획, 한 달이나 연 단위의 계획을 세울 때 내 안에 있는 기사들이 각각의 업무를 수행하고 내가 그것을 검토하며 프로젝트를 만들어간다고 생각해봤다. 일종의 자아 분리다. 내 삶을 이루는 다양한 분야의 업무를 수행하는 여러 명의 자아가 삶이라는 조직을 이끌어가고 있다고 상상하는 것이다. 실제로 계획을 잘 세운다는 것은 결국 자아를 잘 분리하는 일과도 비슷하다고 본다. 이를테면 주말에는 무조건 휴식을 취하면서 평일을 위한 업무를 준비하고, 평일에는 그 일을 실행하는 사람도 있을 것이다. 그것도 시간대에 따라 역할을 나누는 일종의 자아 분리 개념이라고 볼 수 있다.

아무래도 신체와 정신이라는 이분법적 사고가 익숙하다 보니 처음에는 나도 그 두 가지로 관리 영역을 분리해봤다. 할 일을 뇌가 하는 일과 몸과 하는 일로 구분한 것이다. 신체에는 신체 단련, 외적인 건강, 헬스를 열심히 해서 옷 태가 좋게 만드는 것, 달리기나 유산소 운동으로 심폐지구력을 키우는 것, 먹는 것, 비타민 등의 영양 섭취, 주기적인 마사지, 건강 검진 등이 포함될 수 있을 것이다. 내가 목표하는 비전, 신앙적인 부분, 자기 암시, 멘탈을 잡는 부분들은 정신 영역에 포함했다. 그리고 처음에는 오늘은 공부를 해야겠다든가 책을 읽겠다, 강의를 몇 개 듣겠다든가 하는 계획으로 단순한 업무를 할당했다. 이는 누구에게나 공통적으로 적용되는 분류이기 때문에 계획을 세우는 가장 쉬운 출발점이 될 수 있을 것이다.

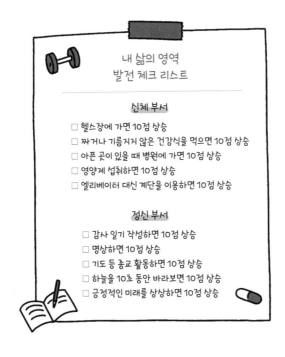

내 삶의 영역
발전 체크 리스트

신체 부서

☐ 헬스장에 가면 10점 상승
☐ 짜거나 기름지지 않은 건강식을 먹으면 10점 상승
☐ 아픈 곳이 있을 때 병원에 가면 10점 상승
☐ 영양제 섭취하면 10점 상승
☐ 엘리베이터 대신 계단을 이용하면 10점 상승

정신 부서

☐ 감사 일기 작성하면 10점 상승
☐ 명상하면 10점 상승
☐ 기도 등 종교 활동하면 10점 상승
☐ 하늘을 10초 동안 바라보면 10점 상승
☐ 긍정적인 미래를 상상하면 10점 상승

처음부터 너무 무리해서 내 삶 전반을 촘촘하게 관리하려고 애쓰지 않는 것이 좋다. 특히 계획을 세워보지 않은 사람은 처음에는 목표로 하는 양이 적어야 한다. 숙련도가 쌓이지 않으면 삶의 영역을 나누어 계획을 세운다는 것 자체가 너무 버거운 일이 된다. 나도 어떤 과제가 너무 큰 스트레스로 느껴지면 아예 그 일 자체를 시작하기가 어렵게 느껴졌다. 하지만 아침에 일어나 슈퍼모닝의 과업을 수행하면서 나의 신체와 정신 두 가지 정도의 분류를 큼직하게 들여다보고 체크하는 것은 도전적이면서도 어느 정도 가능한 범주였다. 나뿐만 아니라 누구든 쉽게 시도해볼 수 있는 시작점일 것이다.

영역별 공백을 없애는 법

사실 삶에서 카테고리를 나누어 계획을 세우거나 자신의 성취를 기록해가는 것은 누구나 알게 모르게 조금씩은 해오던 부분일 것이다. 자기 계발, 취미, 적금, 재무 관리 등 각 분야별로 나름대로 체크하거나 관리하는 영역들이 있을 테니 말이다. 다만 그걸 잘 들여다보면 내 삶 전체를 기준으로 했을 때 공백이 너무 많은 상태라는 걸 알 수 있다. 넓은 도화지에 점 몇 개를 콕콕 찍어놓은 것 정도의 단기적이고 부분적인 계획만 존재하는 것이다.

기업을 생각해보면 이처럼 업무 영역에 공백을 허용하지 않는다. 실제로 내가 창업을 했을 때는 딱 네 명이서 시작했는데, 케익 한 판을 네 조각으로 가른 것처럼 넓은 영역의 업무 바운더리를 잡아서 네 명이 모든 업무를 커버했다. 그런데 어느 순간 케익이 커져서 피자 사이즈가 되면 더 이상 네 조각으로 나누어 네 사람이 감당할 수 없는 크기가 된다. 그렇게 되면 부서가 하나 더 만들어지고, 그 일을 담당할 사람도 필요해진다. 나중에는 피자가 탁자만해진다.

이를 사람의 관점으로 생각해보자. 우리의 인생은 피자가 아니라 거의 하나의 우주다. 그런데 우리는 공교육에서 배워온 익숙한 영역에 대해서만 계획을 세우는 경향이 있다. 실제로 살아가다 보면 하나의 부서를 할당해야 할 만큼 더 중요한 영역들이 많다. 이를테면 토익 800점을 맞는 것과 인간관계 속 원활한 커뮤니케이션을 배우는 것 중에서 뭐가 더 중요하다고 할 수 있을까. 적어도 커뮤니케이션이 토익 점수보다 관리가 필요 없는 하위 영역이라고 볼 수는 없을 것이다. 그런데 우리는 이러한 영역에 대한 담당자를 공백으로 비워두고 있는 셈이다.

이렇게 내 삶을 조직화해서 체크하는 시스템을 만들어본다는 것은 또한 내 삶에서 무엇이 가장 중요한지 우선순위를 생각해볼 수 있는 과정이기도 하다. 나라는 조직이 무엇을 목표로 하고 이를 위해서 어떤 부서를 확장해가야 하는지 고민하게 되기 때문이다. 내가 향하는 길에서 무엇이 중요한지 모르면 남들이 한다고 하니까 토익 공부를 하고, 새해에는 으레 운동을 시작하는 식으로 산발적인 계획을 세우게 된다. 하지만 그것을 통해 무엇을 얻고 싶은지도 모르는 채 막연하게 시작한 일은 금세 흐지부지되기 일쑤다. 내 삶에 어떤 부서가 있는지, 어떤 영역을 담당하는 기사가 있는지 스스로 할당해본 경험이 있다면 내가 중요하다고 생각하는 일에 조금 더 가까운 선택을 하게 된다. 당연히 그 선택들이 나라는 하나의 조직을 성장시킬 것이다.

시작부터 대기업인 조직은 없다

　만약 누군가에게 노션 같은 편리한 툴을 소개하면서 뜬금없이 "오늘부터 사용하세요"라고 말한다면 그걸 써야 하는 당위성을 느끼기 어려울 것이다. 하지만 계획을 세우고 프로젝트를 정리하기 위한 툴을 찾고 있던 사람에게 마침 누군가 노션을 제공해준다면 유용하게 사용할 수 있다. 마찬가지로, 처음에는 막연할지 몰라도 일단 자신의 삶을 관리하는 시스템의 필요성을 느낀다면 슈퍼모닝을 자신만의 방식으로 활용할 수 있게 될 것이다.

　처음에 내 인생을 관리해갈 시스템을 만들기 어려운 이유는 시작 단계에서 삶의 영역을 파악하고 조각내는 방법

자체를 모르기 때문이다. 이때는 신체와 정신의 큰 파트를 나누어 생각하는 것만으로도 벅찰 수 있고, 빈 공간을 어떻게 채워가야 할지 막막할 수도 있다. 하지만 이때는 인생의 한 파트에 대해서만이라도 작은 계획을 세우고 실행해보는 것으로 충분하다. 일단 여기에 익숙해져야 관리 영역을 추가하거나 세분화할 필요성을 느끼게 된다.

이미 우리는 삶의 부분적인 파트에 대해서는 계획을 세우고 다뤄본 경험이 있기 때문에 집중적으로 관리하고 발전시켜나가고 싶은 영역을 생각보다 금방 떠올릴 수 있다. 신체와 정신의 분류를 넘어 내 커리어를 정리하고 싶을 수도 있고, 내가 준비하는 프로젝트, 읽고 있는 책, 시험 준비 등 세분화한 카테고리가 구체적으로 떠오를 것이다. 그러다 보면 자연스럽게 하나씩 관리하는 영역을 넓혀가고 파트별로 달성하고 싶은 과업을 생각하게 된다. 그래서 빠르면 두어 달 안에 새로운 영역의 계획 탭을 추가하게 될 것이다.

다만 이때 욕심이 생긴다고 해서 한 번에 너무 무리하

게 계획을 확장해나가지는 않는 것이 좋다. 도자기를 만드는 과정을 상상해보자. 이때 물레에 손을 올리고 살살 돌려가면서 모양을 만든다. 한 번에 모양을 완성하려고 하면 찢어지거나 무너지기 때문이다. 마찬가지다. 부서를 확장하는 데에도 그런 섬세함이 필요하다. 찢어지지 않고 내가 감당할 수 있을 만큼만 한 단계씩 늘려가야 한다.

부서가 늘어나는 과정

부서를 만들 때 내가 하고자 하는 항목의 상위 카테고리가 무엇인지도 고려하는 것이 좋다. 보통 하나의 업무나 프로젝트가 부서가 되는 것이 아니라, 한 부서 안에서 여러 가지 업무를 수행하게 된다. 예를 들어 어떤 사람에게는 '헬스장에 가는 것'이 매우 중요한 하루 일과일 수 있다. 그런데 헬스장에 가는 것 자체가 상위 카테고리에 놓일 만큼 우선순위가 높은지 생각해봐야 한다. 헬스장에 가는 것 자체가 내 삶의 목표는 아닐 것이다. 헬스장에 가는 건 운동을 하기 위한 것이고, 궁극적으로 내 신체를 더 좋은 방향으로 관리하기 위한 것이다. 그렇다면 그 안에는 단순한 근력이나 유산소 운동뿐 아니라 외적으로 보기 좋은 핏을 만드는 것, 심폐 지구력을 높이는 것, 몸을 유연하게 하기 위해 스트레칭을 하는 것, 건강 검진을 꾸준히 받는 것 등 여러 요소가 포함될 수 있다. 이런 요소를 포함하여 '신체'라는 상위 카테고리를 만드는 것이다.

그다음에는 그와 비슷한 위계에 있는 항목을 떠올려보자. 헬스장은 재무 관리만큼 중요한가? 혹은 내 삶에서 취미 생활은 건강 관리와 재무 관리만큼 중요한가? 그렇게 일종의 내 삶 속 부서를 하나씩 추가해갈 수 있다. 이때 전략 컨설팅 회사 맥킨지의 'MECE' 방식으로 생각해보는 것이 도움이 된다. 'MECE'는 어떤 문제에 대해서 중복과 누락 없이 전체를 포괄해서 분류한다는 개념이다. 기업에서도 어떤 프로젝트의 담당자가 불분명하면 진전이 안 될 때가 많은데, 중복이나 누락 없이 책임과 역할을 할당하는 것이 중요하다.

나는 이를 적용해 신체와 정신의 두 개 부서에 그치지

않고, 삶의 전반을 더 완벽하게 커버하면서 최대한 교집합이 없도록 내 삶의 영역을 분류해갔다. 그리고 이를 아침마다 체크하는 일을 매일 하고 있다. 처음에는 신체와 정신을 나누어 관리하다 보니 학습의 영역을 추가하고 싶어졌다. 우주에 관련해서 공부하고 있으니까 이공계 분야의 학습을 하나의 부서로 만들고, 그렇다면 반대급부에서 인문학적 학습에 대한 부서도 필요하겠다는 생각이 들었다. 나중에는 내 삶에서 경제적으로 독립도 하고, 사업도 하고, 기업에서 원하는 목표를 달성해야 한다는 여러 가지 니즈에 따라서 점점 관리하는 영역이 늘어났다.

나의 경우에는 내 삶을 구성하는 수많은 요소 중에서 비슷한 위계를 가지고 있는 큰 분류로 총 12개의 기사들을 관리하고 있다. 시간 관리, 재무 관리, 대외 협력, 인문학 학습, 자연과학 학습, 정신과 종교, 발전, 가정(연애), 신체, 산업, 소유와 경험, 충동과 오락을 담당하는 기사들이다.

나는 내 필요에 따라 관리하는 영역을 이처럼 늘려갔지만 삶에서 중요하게 다루고 싶은 우선순위는 사람마다 다를 수 있다. 무엇보다 내 삶이 어떤 상위 조각으로 나뉠 수 있는지는 꼭 시간을 들여 생각해보자. 이것을 공백 없이 관리하려고 노력하는 것은 그동안 방치해두었던 많은 가능성을 끄집어내어 성장시키는 첫 걸음이 될 것이다.

성과를
측정할 수 있는
기준을 세워야 한다

보통 조직에서는 목표에 따라 정량적으로 측정할 수 있는 핵심성과지표, KPI를 설정한다. 이때 목표와 기간, 측정할 수 있는 수치가 명확해야 좋은 KPI라고 할 수 있다. 조직의 성격이나 방향에 따라 목표는 다르지만 이를 실질적으로 달성하기 위해 KPI가 필요하다는 것은 동일하다.

나의 경우에는 '올블랑' 유튜브로 피트니스 콘텐츠를 만들기 시작하면서도 구체적인 KPI를 먼저 설정했다. 영어 기반으로 콘텐츠를 만들어 3년 이내에 전 세계에서 영어를 쓰는 인구 중 10분의 1은 우리 콘텐츠를 소비하게 해보자는 것이었다. 궁극적으로는 우리 콘텐츠를 통해 전 세계 사람들을 좀 더 건강하게 만드는 것을 첫 번째 목표로 삼았다.

이러한 KPI는 데이터를 통해서 정량적으로 파악할 수 있다. 우리의 영상이 평균 15분인데, 15분짜리를 1억 명이 보고 따라 하면 평균 시청 시간이 얼마인지가 데이터로 나온다. 그중 평균 3분 정도를 시청했다고 하면 180초 곱하기 1억 명으로 180억 초다. 이 시간 동안 사람들이 운동을 했다면 몇 칼로리가 태워질까? 180억 초에 대략의 소모 칼로리를 곱하면 지구상의 사람들이 이 영상을 보고 어느 정도의 칼로리를 태우고 있는지 추산할 수 있다. 그러면 이 영상을 통해 지구상의 지방을 얼마나 태웠으며, 그 효과로 비만의 합병증 가능성이 얼마나 줄어들었을지도 가늠해볼 수 있다. 결과적으로 우리가 세상에 긍정적으로 기여하고 있는 부분이 무엇인지를 눈에 보이도록 직관적으로 산출해보는 것이다.

이런 방식으로 우리가 하는 일에 대한 효능감을 얻었고, 동시에 세상을 더 건강하게 만든다는 목표에 가까워지고 있다는 것을 확인할 수 있었다. 그냥 "열심히 하자"거나 "목표의 몇 프로 정도는 달성했겠구나"가 아니라 이러한 수치화, 정량화를 통해서 내가 도달한 지점을 파악하는 것이다. 실제로 올블랑 콘텐츠가 2억 5,000만 뷰를 달성했으니 처음 설정한 KPI에 도달한 셈이다.

이처럼 어떤 목표에 도달하기 위해서 정량적인 KPI가 필요한 이유는 또렷한 지표를 통해서 좀 더 명료한 성장을 도모할 수 있기 때문이다. 나라는 개인의 삶을 경영할 때의 목표나 KPI를 설정하는 방법도 이와 결이 비슷하다. 만약 시작하는 단계에서 개인이 좀 더 단기적인 계획을 수행하는 것을 목표로 삼았을 때는 간단한 KPI를 먼저 정해볼 수 있을 것이다. 의미 있는 모임을 한 달에 세 번 이상 나간다든지, 외국어 학습지를 10장 이상 공부해서 세 달 뒤에는 외국어 시험에 합격한다든지 하는 달성 목표도 KPI가 될 수 있다. 자신이 분류하고 계획한 삶의 영역들 안에서 어느 정도는 측량 가능한 KPI를 정해보고 달성도를 체크하는 것은 그 일을 지속해가는 데 매우 큰 원동력이 된다.

어떤 목표를 설정할 것인가

이렇게 KPI를 달성하려는 궁극적인 목표는 기업의 경우 당연히 이윤 추구일 것이다. 그렇다면 개인의 궁극적인 목표는 어떻게 설정해야 할까? 나의 경우에 어떤 목표를 설정할 때에는 내가 가지고 있는 능력이나 콘텐츠가 과연 세상에 필요한지 생각한다. 세상에 니즈가 있는 콘텐츠가 아니라면 하지 않는다. 결국은 세상과의 상호 작용을 통해서 효용감을 얻는다고 생각하기 때문이다.

인간의 기본 전제는 '혼자서는 살지 못한다'는 것이다. 벌이나 개미처럼 군집체를 이루어 사회 속에서 살아가는 존재다. 사회에는 내가 필요한 것들이 있고, 사람은 그것들과 관계를 맺으면서 살아가고 있다. 그래서 가장 좋은 관계는 상대가 내게 부족한 것을 채워주고, 나 역시 그 사람에게 부족한 것을 채워주는 것이다. 사랑이든, 기업이든, 이윤을 추구하는 관계에서든 마찬가지다. 그냥 좋은 사람이라고 해서 꼭 나와 좋은 관계를 맺는다고 볼 수는 없을 것이다.

그런 측면에서 봤을 때 내가 목표를 설정하는 과정에서도 어느 정도 사회적으로 공헌하는 부분을 고려할 필요가 있다. 내가 꼭 이타적인 사람인 것은 아니지만, 우리 삶이라는 게 근본적으로 서로 뭔가를 주고받지 않으면 사회가 형성되기 어렵다. 그 안에서 내 역할을 찾는다는 건 결국 내가 무엇을 나눠줄 수 있는지 생각하는 것과 일맥상통한다. 대신 받기 싫은 걸 나눠준다는 이야기는 아니다. 내가 뭔가를 나눈다고 해서 세상이 나라는 사람을 꼭 알아줘야 하는 것도 아니다. 다만 내가 만들어낸 재화나 서비스로 인해서 세상이 조금 더 살기 좋아진다면 목표를 추구하는 의미가 있다고 생각한다.

이런 목표를 막연한 슬로건처럼 담고 있는 것이 아니라, 실제로 내가 그곳에 도달하기 위해서 어제 무엇을 했고 현재 어느 지점까지 와 있는지 인지하는 것은 그러한 꿈이나 목표를 한층 선명하게 볼 수 있게 만들어준다. 또한 그 과정에서 얻는 효능감으로 인해 자신이 하루하루를 더 에너지 넘치게 즐기고 있다는 변화도 분명 느끼게 될 것이다.

성장의 속도는
모두 다르다

KPI를 설정할 때 주의할 점이 하나 있다. KPI는 최종적인 꿈이 아니라 내가 특정 목표를 달성하기 위해서 계획대로 진행하고 있는지 알기 위한 중간 지표다. 사회적인 기준이나 다른 사람들과 비교하면서 처음부터 너무 무리한 KPI를 설정해서는 안 된다. 그러면 마음이 조급해지고, 이미 그 일을 달성한 사람들을 보면서 자신만 뒤처져 있다는 초조함을 느끼게 될 수 있다. 큰 목표에 도달하는 데 굉장히 많은 시간과 노력이 필요한 것은 불안한 일이 아니라 당연한 일이다.

게임을 해보면 처음에는 굉장히 쉬운 미션을 해결해 얻

은 작은 경험치만으로도 쉽게 레벨업이 된다. 하지만 어느 정도 레벨이 올라가고 나면 그 뒤에는 레벨을 한 단계 올리는 것이 굉장히 힘들어진다. 더 무시무시한 몬스터를 더 많이 잡아야 한다. 삶의 이치도 이와 마찬가지다. 인간이 만드는 시스템은 뭐든지 결국 세상의 시스템을 카피해 만들기 마련이기 때문이다. 학창 시절을 생각해보면 반에서 50등을 하던 학생이 49등이 되는 건 하루만 공부해도 가능하다. 하지만 2등이 1등이 되는 것은 어떨까. 똑같이 한 등수 오르는 것이지만 훨씬 더 어렵다. 50등에서 49등이 되는 것과 비교했을 때 무시무시한 몬스터를 잡는 것 이상의 노력이 필요할 수 있다.

이를 내 삶에 대입해보면 어떨까. 마찬가지로 경험치가 차곡차곡 충분히 쌓여야 레벨이 올라가고 최종 목표에 도달할 수 있을 것이다. 너무나 당연한 이야기다. 하지만 사람들은 그걸 알면서도 투자한 시간보다 결과물이 부족하다 싶으면 중간에 금방 포기해버리는 경우가 많다. 초보일 때는 성장 속도가 빨라서 재미가 붙는다. 악기나 운동을 배울 때도 처음에는 실력이 쑥쑥 느는 것 같다. 하지만 고난

이도 곡을 연주하거나 선수들만큼 무거운 중량을 드는 수
준에 이르려면 엄청난 시간이 필요하다. 내가 시간을 투자
했는데 실력이 잘 안 느는 것이 아니라, 초급 수준을 넘어
더 높은 단계에 이르려면 원래 더 많은 경험치가 필요한 것
이다.

축적의 시간이 필요하다

대기업들도 손익분기점BEP, Break Even Point 달성이 안 되어
적자를 보면서도 투자를 이어나가는 시기가 있다. 비록 현
재는 손해를 보고 있다고 해도 지속적인 인풋이 없으면 애
초에 그 이상을 바라보기가 요원하기 때문이다. 올바른 방
향으로 꾸준히 향하고 있다면 변화는 반드시 찾아온다. 빠
른 결과물을 원해서 유튜브에서 흔히 유행하는 '두 달 만에
근육질 몸 만들기', '2주 만에 5kg 다이어트' 같은 제목에 자
극을 받고 운동을 시작해도 결과가 빠르게 나오지 않으면
금방 포기하고 싶어진다. 남들은 되는데 나는 안 된다고 느
끼기 때문이다. 나도 사실은 남들보다 몸치라서 지금의 몸

을 만드는 데 15년이 걸렸다. BEP가 10년 넘게 걸린 셈이다.

자본주의 사회에서는 스스로를 주변 사람들과 비교하면서 살아가기 쉽다. 하지만 사람마다 발전 속도가 다르기 때문에 기준으로 삼아야 하는 것은 어디까지나 자신의 과거 데이터다. 예쁘고 몸매 좋은 연예인을 보고 '나도 저렇게 될 거야'라고 목표를 설정한다고 생각해보자. 사실 그 연예인의 매력은 헤어스타일, 화장, 수술, 다이어트, 운동, 서 있는 자세, 표정까지 수많은 요소가 합쳐진 것이다. 현재의 자신을 그렇게 완전히 바꾼다는 건 애초에 말이 안 된다. 좀 더 나은 외모를 가지고 싶다면 지금의 자신을 기준으로 삼아야 디테일한 요소들을 조금씩 좋게 바꿔나갈 수 있고, 실제로 목표를 달성하기도 쉬워진다.

현재 자신이 1인 스타트업을 경영하기 시작했는데 대기업과 같은 KPI를 설정해놓고 잘 안 된다고 포기해서는 안 된다는 이야기다. 나의 어제를 기준으로 삼거나 혹은 이미 달성한 수치 대비 500퍼센트 등을 목표로 나아가야 현실적으로 성장의 계단을 밟아갈 수 있다.

비교에서 벗어나는 것은 나 자신의 시간에 집중했을 때 가능해진다. 이번 주에는 슈퍼모닝의 시간을 네 번 가졌는데, 다음 주에는 다섯 번의 슈퍼모닝 시간을 보냈다면 누군가와 비교할 필요 없이 나 자신이 더 많은 경험치를 쌓아올린 것이다. 이렇게 자신의 과업을 기록하고 스케줄을 체크해가는 습관을 갖다 보면 남들과 비교하지 않게 된다. 온전한 내 시간, 내 경험치가 쌓여가는 것을 직접 확인할 수 있기 때문이다.

우리가 어떤 일을 열심히 했는데 결과가 만족스럽지 않을 때 '헛수고했다'고 실망하는 경우가 있다. 그런데 게임 캐릭터에게는 헛수고라는 게 없다. 낮은 수준의 아이템이라도 나오거나, 약간의 경험치가 쌓이거나, 숨은 이벤트로 이어지기도 한다. 사실은 우리 삶도 다르지 않다. 우리가 하는 모든 행동이 공인된 결과물로 이어지지 않는다 해도 분명 내 삶에 경험치를 높여준다. 어쨌거나 뭐라도 배울 게 있었다고 위안하자는 것이 아니다. 내가 한 일을 기록하고 정리해보면 실제로 내가 뭘 배웠는지가 막연하게 흘러가지 않고 실체화된다. 외국어 공부를 한다면 내가 외우는 단어나 문법이 늘어나고, 운동을 하면 근육량과 체력이 늘어나는데 우리가 이를 보지 못하고 있을 뿐이다.

모든 사람에게 시간은 공평하고, 그 시간에 행한 경험치는 정직하게 쌓인다. 우리가 게임 캐릭터라면 경험치가 쌓이는 상태창이 화면에 뜨고 있을 것이다. 그게 누적되면 언젠가는 레벨업이 된다. 눈에 보이지는 않지만 우리의 하루하루가 분명히 성장하고 있다는 사실을 믿고 계속해야 한다. 쌓인 경험치가 사라지지는 않기 때문이다.

04.

계획을 점검하고
조정하는 과정, 트래킹

계획은 실패한 후가 더 중요하다

    슈퍼모닝에서 내 삶 전반을 경영해가는 시스템을 만드는 데 있어 중단기적, 장기적 계획을 세우는 것이 필요하다고 계속해서 강조했다. 하지만 살면서 계획을 안 세워본 사람은 없을 것이다. 또한 계획한 대로 다 지키면서 살아가는 사람도 없다. 학창 시절에 한창 예쁜 스프링 다이어리가 유행했는데, 처음에는 다이어리에 나름대로 계획을 체크하다가 결국 다이어리를 꾸미는 데 의의를 두거나 아예 그만두는 친구들이 많았다.

    나도 원래 항상 체계적인 계획을 세우는 스타일은 아니었다. 계획을 세우면 성취하지 못했을 때 스트레스를 받는 전형적인 계획형 인간이기 때문이다. 그래서 학창 시절에 많이들 경험하는 것처럼, 나 역시 시험이나 프로젝트 같은 불규칙적인 이벤트가 발생했을 때에나 급하게 계획을 짰다. 그러다 보면 번갯불에 콩 굽듯이 일주일치 계획을 세우게 되는데 실제로는 하루하루에 계획한 양 만큼 처리하지 못한다. 결국 마감 전날에 몰아서 마무리하게 되고, 결과물도 항상 만족스럽지 않았다.

계획을 세울 때에는 분명히 충분한 동기와 의지가 있는 상태인데도 왜 우리는 계획을 실천하지 못할까? 계획을 못 세우거나 계획을 세워도 자꾸 어그러지는 사람들의 특징은 자신의 능력을 배제하고 단순히 내일은 이거, 모레는 저걸 하겠다고 뭉뚱그려 정해둔다는 것이다. 계획을 세울 때 시간별로 스케줄링을 하는 것이 아니라 일종의 위시 리스트를 만든다. 내가 데드라인을 맞출 수 있는 역량을 파악해서 그것을 바탕으로 계획을 세워야 하는데, 기존에 살고 있던 내 삶은 그대로 둔 채 생산적인 요소를 자꾸 추가로 끼워넣으려고 하는 것이다. 그러다 보면 하려고 하는 일은 많은데 시간이 부족하다. 이쯤에서 생각을 해봐야 한다. 우리가 24시간을 사는데 25시간짜리 계획을 세워놓은 것은 아닌가?

단순한 의지박약이라고 생각할 수도 있지만 실은 대부분이 자신을 과신하기 때문에 발생하는 일이다. 자신의 절제력을 과신하거나, 외부 변수가 없을 것이라고 자신하거나, 자신의 체력을 너무 믿는 등 여러 가지 변수들을 무시하고 계획을 세우기 때문이다. 사실 지난 시간들을 돌이켜보면 일주일에 어느 정도의 외부 요인이 생기는지도 파악할 수 있다. 자신이 처리할 수 있는 일의 양도 비교적 정확한 수치로 알 수 있다. 그런데 이런 부분을 고려하지 않고 그저 '나만 잘 하면' 충분히 25시간짜리 계획을 해낼 수 있다고 생각해버리는 경우가 많다.

나의 계획을 방해하는 것들

그저 잘 하겠다고 마음먹은 대로 일정을 처리하는 것이 과연 가능한가? 우리는 생각보다 그 계획에 오롯이 집중하지 못한다. 당장 친구의 메시지에 답장해야 하고, '우연히' 넷플릭스를 켜서 훑어보다가 드라마 시청을 시작하고, 침대에 잠깐 누웠는데 유튜브를 보다가 잠들어버린다. 학교나 직장 같은 강제적 요소가 없는 프리랜서 같은 경우라면 더 위험하다. 주말에 일하면 된다고 생각하다 보니 일과 휴식에 분리가 안 되고, 그래서 계획을 세우기 시작하지만 훈련이 안 되어 있어서 실패한다. 그러면 나는 계획을 세워봤자 스트레스를 받는 타입이구나 하고 생각하며 스트레스 해소를 위해 넷플릭스를 켠다.

계획을 지키지 못했을 때는 그대로 포기하는 것이 아니라 그 스트레스를 극복하고 계획을 수정하는 습관을 들여야 한다. 매일 체크를 한다든지, 매일은 아니더라도 규칙적인 주기를 정해서 그 계획을 체크하는 정비의 시간을 가져야 하는 것이다. 자신과 진지하게 마주앉아 방법을 찾는 아침 회의가 필요한 순간이다.

실제로 우리가 계획한 모든 일이 계획대로 이루어질 수는 없다. '올블랑'에서 콘텐츠를 업로드할 때에도 처음에는 어느 정도의 목표량을 세워놓는다. 업로드 후 한 시간 정도는 조회 수 추이를 지켜보며 확인하는데 원하는 수치에 이르지 못하는 경우가 있다. 그럴 때는 다른 SNS에 링크를 올려 확산시키거나, 썸네일이나 제목을 교체해보는 등 계획한 수치에 이를 수 있도록 추가적인 작업을 해본다.

이때 조회수가 올라가면 성공한 사례가 되는 것이고, 물론 그렇지 않을 때도 있다. 그러면 우리 채널과 주제가 맞지 않았는지, 편집 방향이 좋지 않았는지 등을 체크해서 적어둔다. 그러다 보면 성공적인 영상과 그렇지 않은 영상에 대해서 일관적인 공식들이 생긴다. 그것을 바탕으로 공식을 쌓아나가며 또 다음 계획을 세우고 발전을 도모해가는 것이다.

지키지 못하거나 실패하는 계획이 막연하게 반복되는 상황은 스스로를 부정적으로 평가하는 요인이 될 수 있어 위험하다. 스스로 의지를 탓하거나 포기할 것이 아니라 오히려 계획이 실패한 후에 어떻게 하느냐가 더욱 중요하다. 이에 대한 근본적인 원인을 찾고 해결해야 한다. 그러면서 내가 지킬 수 있는 계획을 세우고 점검하며 조정해나가는 습관을 들이는 것이다. 전 영국 총리인 마가렛대처의 말을 되새겨보자. "실패는 단지 더 현명하게 시작할 기회일 뿐이다."

내가 매일
어디에 시간을 쓰는지
파악하라

    '트래킹'이라는 말이 있다. 인공위성 등의 비행체를 추적하고 관측해 궤도 및 위치를 정하는 것을 말하는데, 인공위성이 계획대로 움직이지 않거나 문제가 생겼을 때 무엇이 잘못됐는지, 어디를 수정해야 할지 단서를 찾아내는 방법이다. 나는 내 계획과 행동을 추적해 정보를 수집한 후 점검하는 과정을 트래킹이라 부른다.

    계획한 것들이 이루어지지 않을 때 가장 먼저 시도해봐야 하는 것이 있다. 실험적으로 자신이 지금 하고 있는 활동을 30분 단위로 끊어 기록해보는 것이다. 자신이 지킬 수 있는 계획을 세우려고 할 때 가장 중요한 건 기존에 자

슈퍼모닝

신이 시간을 어떻게 쓰고 있었는지 정확하게 파악하는 것이다. 굳이 하지 않아도 되는 제거 요소가 있는지, 이미 기존의 스케줄에서 시간을 온전하게 사용하고 있는지를 알아야 한다. 그래야 기존 스케줄에서 필요 없는 것을 빼고그 시간을 활용해 새로운 항목을 추가해 넣을 수 있다.

내가 슈퍼모닝을 한 시간 동안 진행하다가 하고 싶은 일이 많아지면서 더 많은 시간을 할애하고 싶어졌을 때, 어떤 여분의 시간을 여기에 추가해넣을 수 있을지 생각해봤다. 가장 쉽게 조절할 수 있는 것은 잠잘 시간이었다. 하지만 그렇다고 욕심껏 시간을 사용하느라 잠을 부족하게 자서 다른 일정에 지장이 가면 곤란할 것이다.

나의 하루를 트래킹해보자

그때 처음으로 생각한 것이 '나라는 사람은 잠을 얼마나 자야 할까?' 하는 질문이었다. 잠에 대해서는 여러 가설이 많다. 어떤 사람은 잠이 잘수록 늘어나는 습관의 문제라고 하고, 아마존의 제프 베조스는 자신뿐 아니라 직원들에게도 최소 8시간의 수면을 권장한다고도 한다. 개인적으로는 수면의 시간이 어느 정도 본인의 체력과도 관련이 있을 것이라는 생각이 들었다. 사람마다 신체가 다르고 체력이 다르니 본인에게 적당한 수면의 양이 있을 것이다.

그럼 나는 어떨까? 하루에 잠자는 시간을 조절해가며 나에 대해 기록해보기 시작했다. 아홉 시간, 여덟 시간, 일곱 시간씩 잠을 줄여가면서 내가 하루에 주어진 과업을 얼마나 수행할 수 있는지 트래킹해본 것이다.

주중에는 생각보다 적게 자는 것도 내가 원하는 만큼의 스케줄을 소화하는 데 무리가 없었다. 오히려 머리가 맑아지며 도움이 되는 느낌이었다. 특히 주중에는 보통 고정적으로 정해진 일정이 있다. 정해진 시간에 학교를 가거나 출근을 해야 하고, 기한 내 해결해야 하는 프로젝트들도 있다. 그래서 내가 하고자 했던 스케줄을 다 소화해낼 수 있도록 탄력적으로 잠을 잤다. 어떨 때는 두 시간, 어떨 때는 네 시간씩 자기도 했다.

대신 내가 완벽하게 통제할 수 있는 시간인 주말에는 부족한 잠을 추가적으로 보충했다. 출장을 가서 시차가 생기거나 일정이 달라질 때는 밤 10시에 한 시간쯤 자고 일어나면서 수면 시간을 채워주기도 했다. 내가 내 컨디션을 살펴봤을 때 주중에 평균적으로 20시간의 수면 시간을 확보하면 주말에 추가적인 수면을 취하는 것만으로도 충분히 일상을 소화할 수 있었다.

잠을 줄이는 것이 하루 일과를 보내는 데 무리가 된다고 느껴진다면 그것은 주객전도의 상황이 발생하는 셈이다. 하지만 나에게는 하루에 평균적으로 네 시간 정도 자면서 주말에 수면량을 보충하는 식의 생활 습관이 잘 맞는다는 걸 내 몸에 실험을 해보면서 깨달았다. 또한 전날 늦게 잠들어서 아침에 더 자더라도 일단은 매일 새벽 4시에 일어나 슈퍼모닝을 하는 것이 오히려 내 일상을 건강하게 유지해가는 데 도움이 됐다. 이렇게 나 자신에 대한 분석을 바탕으로 내가 할 수 있는 정도의 목표를 정했기 때문에 새벽 4시의 슈퍼모닝을 8년 동안 실패하지 않고 지속할 수 있었던 것이다.

이처럼 나의 하루를 트래킹해보면 내가 시간을 어디에 쓰고 있는지를 확실히 알 수 있다. 또한 계획에 문제가 생겼을 때에도 무슨 시간을 조정하면 될지, 더 효율적으로 목표를 이루려면 어떻게 계획을 수정해야 할지에 대해 감을 잡을 수 있게 된다. 설령 어느 날은 아침에 늦잠을 자서 슈퍼모닝을 실패했다고 해도, 내 하루에 가용할 수 있는 시간이 언제인지 알기 때문에 다른 시간을 활용해 이를 보충할 수도 있는 것이다. 자신에 대해서 잘 알아야 플랜B를 통해 다시 성공적으로 문제를 해결해나갈 수 있다.

트래킹 그래프가 말해주는 것들

계획을 관리하기 위해서 자신의 하루를 트래킹하고 보다 효용적인 측면에서 실용적인 계획을 세우려고 한다면, 사용하기 쉬운 툴을 통해서 이 지표를 그래프로 만들어보는 것이 좋다. 이때 우리에게 익숙하고 제일 쉽게 다룰 수 있는 툴은 엑셀이다. 데이터 수치를 입력하기만 하면 바로 그래프로 변환하여 볼 수 있기 때문이다.

운동으로 예를 들자면 가로 축에는 날짜, 세로 축에는 만족도 점수를 입력하는 심플한 그래프 작업으로 시작해보자. 물론 세로 축을 만족도가 아니라 운동 개수나 시간으로 정할 수도 있다. 다만 이를 처음에 설정할 때 어떤 기준이 나에게 효용성이 있는지 고려해봐야 한다. 예를 들어 오늘 한 시간, 내일은 한 시간 반, 모레는 두 시간 운동을 했다고 해도 한 시간 동안 운동한 날의 만족도가 더 높을 수 있다. 그러면 시간을 체크하는 것이 큰 의미나 보람으로 다가오지 않는다. 그래서 처음에는 단순하게 기준점을 세워보되, 점차 자신에게 의미가 있는 기준으로 지표를 바꿔가는 것이 좋다.

그게 익숙해지면 운동뿐 아니라 트래킹하는 영역을 늘려서 자신의 능력치를 오각형 그래프로 그려보는 것을 추천한다. 자신의 능력을 직관적으로 가늠하고 밸런스를 한눈에 볼 수 있기 때문에, 내가 현재 어느 정도의 지점에 있으며 앞으로 무엇을 해야 목표에 닿을 수 있는지 쉽게 체크해볼 수 있다.

예를 들어 오각형의 각 꼭지점에는 재무, 건강, 학습, 관계, 커리어 등이 자리할 수 있다. 이때 '관계' 영역에서는 '친구 생일 선물을 챙긴다', '약속 시간에 늦지 않는다', '갈등이 생겼을 때 바른 말을 사용한다'는 등의 작은 과업을

슈퍼모닝

재무
(적금 불입 여부,
소비 계획 준수 여부 등)

커리어
(프로젝트 수주율,
영업 달성률,
개인 KPI 달성도 등)

건강
(외모, 지구력,
식단 등)

관계
(약속 시간 준수 여부,
경조사 챙기기, 바른 말 하기 등)

학습
(독서, 외국어 공부,
관심 영역 학습 정도 등)

수행하면서 점수를 올려가면 된다. 이처럼 각 영역에서 내가 수행하고 싶은 과업을 잘 해가고 있는지에 따라서 찌그러지거나 작은 오각형이 점점 꽉 찬 커다란 오각형으로 움직이게 될 것이다. 즉 자신이 영역별로 부여한 KPI가 오각형의 꼭지점이 되는 셈이다.

실제로 이런 표를 만들어보면 현 시점에서는 생각보다

좋은 점수를 받기 어렵다. 그러나 자신이 느끼는 현재 위치에 점을 찍어보는 그 작은 행위가 자신의 위치를 자각하고 앞으로 나아갈 수 있는 시작점을 만들어준다. 이러한 밸런스 그래프는 분기에 한 번, 혹은 반년에 한 번씩은 업데이트하는 것이 좋다. 내가 좋은 방향으로 움직이고 있는지, 어느 정도의 성과를 내고 있는지 자신을 트래킹하고 새로운 계획을 세우는 이정표가 되어줄 것이다.

내 현재 점수와 내가 바라는 점수

동창회에 나가보면 해가 갈수록 친구들의 흰머리가 많아지고 배가 나오는 게 보인다. 배만 자꾸 나와서 바닥에 뭐가 떨어져도 배에 가려서 볼 수가 없다며 농담을 하기도 한다. 그런데 대부분은 언제 이렇게 배가 나왔는지 모르겠다고 하고, 몇몇은 자신이 살찐 줄도 몰랐다고 한다. 매일 조금씩 달라지는 자신의 모습을 그때그때 인지하기는 어렵기 때문이다. 그럼에도 사람마다 자신의 상태에 대해 바라는 지점은 분명히 있을 것이다. 친구들에게 현재 건강을 점수로 매겨보라고 하면 10점 만점에 5점도 안 된다고 답하는 경우가 많은데, 그렇다면 바라는 점수가 몇 점이냐고 물으면 대부분 10점을 말한다. 7점만 돼도 충분히 만족한다고 타협하는 경우는 거의 없다. 그런데도 10점을 향해서 행동하지 않는 것은 일차적으로 평소에 자신의 점수를 스스로 묻고 인지해본 경험이 없기 때문이다.

나름대로의 지표를 가지고 자신을 트래킹하여 그래프를 그려보는 것은 스스로에게 질문을 던지고 답하는 행위와 같다. 자신과의 대화를 통해 자신이 어떤 상태에 있는지 비교적 빠르게 인지하고, 자신이 원하는 모습을 향해 나아가는 근본적인 계기를 마련하는 행위다. 특히 단순히 기록하는 것이 아니라, 그래프를 그리고 확인하는 것은 직관적이고 시각적인 지표를 이용하여 추세를 파악할 수 있다는 강력한 장점이 있다.

처음에는 트래킹 그래프를 만드는 것 자체가 번거롭거나 귀찮게 느껴질 수 있다. 자신의 상태나 능력치에 대해서는 느낌적으로 대충 가늠할 수 있는데 굳이 그래프를 그리느라 시간을 들여야 하나 싶은 것이다. 그러나 데이터를 입력하고 그래프로 확인하는 과정은 단순히 자신의 상태와 추세를 파악하는 것 이상의 의미를 가진다. 궁극적으로는 이 과정을 통해 우리가 필연적으로 마주치는 슬럼프 구간을 벗어날 수 있기 때문이다. 주어진 과업을 반복하는 과정에서는 반드시 추세가 떨어지는 구간이 생긴다. 하지만 우리는 이를 모르거나 혹은 막연하게만 인지할 때가 많다. 살이 쪘는지도 모르다가 오랜만에 체중을 재니 거의 10킬로그램이 늘어 있어 깜짝 놀라는 경험처럼 말이다.

그렇게 자신의 상태를 인지하지 못한 채로 무뎌지는 구간이 길어지면 자기도 모르는 사이에 성장 속도가 더뎌지거나 아예 기세가 떨어진 무기력한 단계에 접어들기도 한다. 추세가 떨어지는 슬럼프 구간을 최대한 빠르게 인지해야 이에 대처할 수 있다. 그 구간을 다시 끌어올려서 나의 효율과 효과를 모두 높여가는 추세로 KPI를 달성하게 하는 것이다.

만약 운동의 만족도가 어제는 5점이었는데, 오늘은 4점이고 내일은 3점이라면 그래프가 하향하고 있을 것이고, 그 추세를 올리기 위한 노력이 필요하다는 것을 쉽게 인지할 수 있다. 그러면 내 만족도에 영향을 미치는 요인을 고려하여 즉각적인 피드백을 적용하면 된다. 이를테면 운동 시간이나 강도를 늘리거나 피티를 받는 것도 방법일 것이다.

이러한 추세의 의미를 확인하는 간단한 예시로 시청률 그래프를 볼 수 있다. 아무리 어떤 방송의 시청률이 높게 나와도 추세가 떨어지는 회차가 있기 마련이다. 평소에는 15퍼센트가 나오다가 10퍼센트로 떨어졌다고 했을 때 추세를 보지 않는다면 어떨까? 제작자의 입장에서는 10퍼센트도 충분히 높은 수치라고 합리화하면서 발전적인 노력을 굳이 하지 않게 될 수 있다. 실제로는 하향하고 있는 상황이라는 것을 직관적으로 인지하기 어려운 것이다.

일상의 모든 일을 트래킹할 수 있다

사실 살다 보면 눈앞에 닥치는 바쁜 일들이 많아서 지나간 과업을 굳이 체크하지 않고 넘어가게 되는 일이 많다. 닥친 일을 준비하는 게 아니면 크게 의미가 없다고 생각하는 것이다. 그런데 '내일 더 열심히 하면 되지', '내일 더 높은 점수를 받으면 되지' 하고 다짐하는 것만으로 발전할 수 있을까? 시청률이 떨어진 것을 신경쓰지 않고 다음 작품을 만든 PD는 이전과 똑같은 실수를 반복할 수 있다. 지금 무엇이 잘못되고 있는지 빨리 인지할수록 그 부분을 체크하면서 개선할 수 있기 마련이다. 우리의 삶은 지나간 하루와 과업들이 쌓여 누적적으로 발전한다.

조금 비인간적으로 느껴질 수도 있지만 나는 공부나 업무뿐 아니라 연애할 때도 데이트를 하고 오면 일기 쓰듯이 내 기분을 그래프로 만들어보기도 했다. 그날 기분이 좋았다면 9점, 어제보다 기분이 별로라면 8점, 이런 식으로 추세를 그려본 것이다. 그런데 이별이 다가올 때쯤에는 귀신같이 그래프가 하향 곡선을 그리고 있었다. 결혼한 배우자와의 데이트 점수는 항상 높았다. 그렇다는 건 내가 이 관계에서 걱정할 게 없다는 의미라는 확신이 들었다. 어차피 누구에게 보여줄 공식적인 지표가 아니기 때문에, 데이터화할 수 없다고 생각하는 것들도 나름대로 데이터화해서 자신의 감정을 들여다보는 방법으로 쓸 수 있다.

그래프의 추세는 생각보다 많은 것을 말해준다. 나에게 맞는 KPI를 설정하고 목표를 정하는 기준이 되어주며, 단순히 트래킹하여 기록하는 데서 그치는 것이 아니라 기세가 떨어지고 있을 때 너무 늦지 않게 그것을 인지하고 끌어올릴 수 있게 한다. 하향 곡선을 상향 곡선으로 바꾸려는 노력이 나를 어제보다 오늘 더 발전시킬 것이다.

PART 3

지속 가능한
슈퍼모닝
시스템

01.

같은 일을
매일 반복할 때 생기는 힘

나의 습관이
곧 나의 정체성이다

물리학에 '정지 마찰력'과 '운동 마찰력'이라는 개념이 있다. 물체는 정지 상태에서 움직이려고 할 때 더 큰 힘이 필요하다. 반면 움직이는 물체를 계속 움직이게 하는 데에는 큰 힘이 필요하지 않다. 습관도 이와 비슷하다. 하던 것을 계속하는 건 그리 어려운 일이 아니다. 하지만 중간에 멈췄다가 다시 시작하려고 하면 이전보다 더 힘들고 어려워진다.

나는 보통 매일 새벽 네 시 즈음에 일어나지만, 전날 잠을 많이 못 잤을 경우에는 슈퍼모닝 루틴을 끝내고 여섯 시 반쯤 다시 한 시간 정도 잠을 잘 때도 있다. 그럼 그냥

한 시간을 더 자고 늦게 일어나면 되지 않느냐고 생각할 수 있을 것이다. 하지만 나는 설령 새벽까지 밤을 새거나 다시 수면을 취하는 한이 있더라도 무조건 같은 시간에 일어나는 것을 원칙으로 한다. 습관의 힘을 지속적으로 이어가기 위해서다.

또한 어떤 일을 꾸준히 지속해서 하고 있다는 것 자체가 어느 순간에는 그 사람의 브랜드가 되면서 타인의 신뢰도를 엄청나게 높여주기도 한다. 사람이 어떤 과업이나 습관을 5년 이상 지속한다면 그것은 그 사람의 일부가 된다는 말이 있다. 아주 사소한 것이라도 마찬가지다. 일기를 쓰는 것, 술을 자주 마시는 것, 알람 시계를 자주 끄는 것도 그 사람이 '어떤 사람'인지를 나타내주는 중요한 단서가 되는 것이다.

주변 친구들을 생각해보면 늦잠 자는 사람은 '게으른 사람', 계획적인 사람은 '철두철미한 사람'이라는 식으로 습관적인 행동을 정체성으로 이해해온 경우가 많지 않은가? 실제로 우리의 뇌는 익숙한 행동 패턴을 계속해서 유지하려 하는 관성이 있다. 즉 '습관이 곧 우리의 정체성'이라고 규정한다 해도 그리 비약은 아닐 것이다.

습관은 바꿀 수 있는가?

내 습관이나 정체성은 바꿀 수 없는 것인가? 당연히 그렇지 않다. 정체성은 어느 순간 완성되는 것이 아니라 계속해서 형성되는 것이다. 당장 작년과 올해의 자신을 비교해봐도 생각이나 가치관이 달라진 지점이 있을 것이다. 특히 일기를 써보면 몇 년 사이에 놀랄 정도로 달라진 면모를 발견하게 되기도 한다.

이처럼 정체성을 형성해가는 과정에서 우리는 자신이 어떤 사람이 되고 싶은지를 스스로 선택할 수 있다. 물론 습관이라는 근거로 자연스럽게 정체성이라는 결과가 만들어지는 것도 맞지만, 반대로 자신이 원하는 정체성을 먼저 선택하고 그에 걸맞은 습관을 들이는 것도 얼마든지 가능하다. 좋은 습관은 좋은 선택으로 만들어지는 것이다.

이를테면 '나는 아침에 일찍 일어나는 사람'이라는 정체성에 대한 선택을 먼저 해본다. 정체성을 확립하는 순간 '마음의 장벽'을 넘어선 것이기 때문에 좋은 습관을 만들기가 조금 더 쉬워진다. 정체성이 스스로에게 납득되기 위해서는 내가 선택한 정체성과 나의 행동 패턴이 일치해야 하기 때문이다. '나는 아침형 인간' 혹은 '부지런하고 성실한 사람'이라고 스스로의 정체성을 규정했다면 하루이틀만 아침에 일찍 일어나는 것이 아니라 그것을 반복하여 습관화하려고 하게 될 것이다. 믿기 어려울 수 있지만 자신의 행동과 마음을 정확하게 조절하려고 생각하면서 선택에 따른 행동을 하고자 노력하면 실제로 그것이 내가 원하는 정체성과 좋은 습관으로 이어질 수 있다.

나를 함부로 규정하게 두지 마라

반대로 타인에 의해 내 정체성을 부정적으로 규정당하는 것에 대해서는 주의해야 한다. '넌 원래 덜렁대잖아', '넌 맨날 지각하더라' 하는 식으로 타인에 의해 정체성을 선택당하면 어느 순간부터 그 사람에 의해 실제로 내 습관이 형성되어버릴 수 있다. 같은 맥락에서 스스로를 부정적으로 규정하는 것에 대해서도 마찬가지다. '나는 아침에 못 일어나는 사람이야', '나는 항상 10분씩 늦어', '나는 새로운 것에 도전하는 걸 별로 좋아하지 않아'라고 생각하면 정말 그런 사람이 된다. 어떻게 보면 스스로에 대한 가스라이팅인 것이다. 그러다 보면 변화하려고 할 때에도 자신이 생각하고 있는 스스로의 정체성이 오히려 발목을 잡을 수 있다. 그렇기 때문에 함부로 자신에 대한 프레임을 만들어서는 안 된다.

데이터 분석 세계에서 자주 쓰이는 말이 있다. 'Garbage in Garbage out^{GIGO}' 좋지 않은 입력값이 들어가면 좋은 결과값이 나올 수가 없다는 것이다. AI를 만들 때 좋은 AI가 되려면 처음에는 학습하기 쉬운 데이터를 먼저 넣어줘야 한다. 처음부터 정리가 잘 안 된 쓰레기 데이터를 넣거나 편향된 정보를 넣는다면 결과적으로 쓰레기 같은 안 좋은 알고리즘이 된다. 사람도 마찬가지다. 내 몸에 좋은 습관을 만들기 위해서는 좋은 인풋이 들어가야 한다. 내 선택

과 오늘 하루의 행동이 그 습관을 만드는 하나의 데이터인
셈이다.

결국 내가 원하는 모습으로 나를 변화시키고 싶다면 그
것이 나에게 습관으로 자리 잡도록 만들어야 한다. 먼저
'나는 이런 사람'이라고 말해보자. 그리고 좋은 습관의 데
이터를 나에게 꾸준히 입력해주자. 일관성을 가지고 무언
가를 계속하는 사람들의 삶은 어떤 방식으로든 분명히 변
화하게 된다.

매일 같은 일을 할 때 찾아오는 자동화의 기적

삶을 바꾸기 위해 무언가를 새롭게 시도하고 지속해나가는 것은 물론 어려운 일이지만, 좋은 소식이 하나 있다. 그 일을 계속 해나가다 보면 어느 시점부터는 처음 시작할 때만큼 에너지가 들거나 우리를 괴롭히지는 않게 된다는 점이다. 어떤 일을 하루하루 일정하게 반복하는 것의 진정한 힘은 바로 그것이 '자동화'된다는 점에 있다.

나는 대학원과 연구소에서 인간의 뇌파에 대한 프로젝트를 진행한 적이 있다. 그 경험은 일상생활에서도 나의 뇌를 어떻게 이해하고 활용할지 고민해볼 수 있는 기회가 되었는데, 특히 유용했던 것은 반복된 루틴의 메커니즘에 대한 것이었다. 인간의 뇌에서 습관을 만들고 유지하는 곳은 주로 대뇌 피질의 기저핵과 전전두엽 등으로 알려져 있다. 그런데 이러한 기관들은 평소 루틴화된 일들을 큰 집중력이나 에너지를 들이지 않고 처리할 수 있도록 자동화하는 기능을 한다. 그래서 기존에 규칙적으로 진행되고 있는 일에 불필요하게 에너지가 낭비되는 것을 막고 새로운 일에 더 많은 에너지를 쏟을 수 있도록 도와주는 것이다.

이러한 자동화를 이해할 수 있는 좋은 예시 중의 하나는 멀티태스킹이다. 사람의 뇌는 기본적으로 멀티태스킹을 할 수 없게 되어 있기 때문에 두세 가지의 일을 한 번에 처리할 수 없다. 그런데 표면적으로 봤을 때 멀티태스킹이 가능한 경우가 있는데, 바로 '자동화'가 이루어졌을 때다.

초보 운전자는 조수석에 탄 사람이 말을 걸면 쉽게 운전에 집중하지 못하고 기민한 상태가 된다. 하지만 능숙한 운전자는 패턴이 어느 정도 자동화되었기 때문에 앞 차가 브레이크를 밟으면 무의식적으로 내 발도 브레이크를 밟는 등 몸이 자연스럽게 움직인다. 이때 크게 의식적인 사고를 거치지 않기 때문에 블루투스로 누군가와 통화를 하기도 하고, 음악을 따라 부를 수도 있다. 이렇게 자동화가 이루어지면 에너지 사용이 효율적으로 바뀌기 때문에 의식적으로 행동하는 것만큼 에너지가 쓰이지 않게 되는 것이다.

슈퍼모닝도 마찬가지다. 처음에는 아침에 일어나는 게 정말 힘들 수 있지만 그것이 습관화되고 어느 순간 자동화되면 크게 노력하지 않아도 같은 시간에 일어나 일기를 쓰고 운동을 하는 것이 이전만큼 어렵지 않은 일이 된다. 실제로 아침에 침대에서 일어나 몸을 일으키고 양치를 하는 루틴을 일일이 계획하지는 않지만, 매일 하는 일이기 때문에 이제 눈 감고도 몸이 저절로 움직이는 것이다.

습관을 만들고 싶다면 그 일을 자동화하라

간단한 아침 루틴이 아니라 더 복잡한 일이라고 해도 규칙성만 있다면 자동화는 이루어진다. 내가 한 시간의 슈퍼모닝을 두 시간 반까지 늘려갈 수 있었던 것도 이러한 자동화 덕분이다. 이전에 해오던 과업들이 익숙해지고 크게 의식하지 않고도 충분히 처리할 수 있게 되면서 새로운 것을 배우거나 추가할 수 있게 된 것이다.

특히 슈퍼모닝은 이러한 규칙성을 부여하는 데 최적화되어 있는 활동이다. 아침은 우리가 매일 하루를 리셋하는 시간이고, 슈퍼모닝은 리셋된 하루를 시작하며 최초로 하는 행동이기 때문이다. 몇 시에 자든지 같은 시간에 일어나는 규칙성을 만들면, 매번 그 시간에 같은 행동을 반복하는 루틴을 만드는 일도 훨씬 쉬워진다. 이 패턴이 익숙해지면 슈퍼모닝을 통해 하루를 체계적으로 준비하고 나의 삶을 구조화하여 관리하는 일이 큰 에너지 소모 없이 이루어지게 된다는 의미다.

이러한 자동화는 또 다른 습관이나 정체성을 형성하는 데에도 얼마든지 적용할 수 있다. 예를 들어 사람들은 어떤 언어와 톤을 사용하여 대화할지 일일이 계획하지는 않는다. 하지만 내가 사용하는 언어의 집단이 긍정적인 테두리 안에 자리 잡혀 있다면 의식하지 않아도 그런 언어를 쓰게 된다. '나는 욕하지 않는 사람이 될 거야'라는 다짐을 했을 때 처음에는 의식적으로 노력해야 하지만 나중에는 아무렇지 않게 익숙해진다. 그러고 나면 '타인의 실수에 관대한 사람이 될 거야' 같은 또 새로운 영역의 다짐을 할 수 있을 만큼 여유가 생길 것이다.

이처럼 하기 싫지만 꼭 해야 하는 일이나 내 몸에 좋은 습관을 들이기 위해서 의식적으로 노력하는 일들을 몸에 익히고 자동화하게 되면, 에너지를 적게 들이면서도 충분히 수월하게 그 일을 해낼 수 있다. 매일 일정한 일을 반복하는 것은 어려운 일이지만, 그 일을 해내고자 노력하는 자에게 찾아오는 작은 기적이라고 할 수 있다.

의지가 부족하다면
환경을 만들어라

아침에 울리는 알람 시계는 기상 시간에 대한 자기 자신과의 약속이다. 그런데 사람들은 알람을 5분씩 미루거나 끄고 다시 잠드는 행동을 반복하는 것을 아무렇지 않게 여길 때가 많다. 심지어 이런 행동은 정말 피곤한 날 한두 번에 그치는 것이 아니라 한 달, 일 년, 그 이상씩 반복적으로 계속된다. 나와의 가장 사소한 약속을 어기는 습관인 것이다.

문제는 이런 습관이 다른 영역에서도 나와의 약속을 어기게 만든다는 점이다. 밤에 양치를 해야 하는데 귀찮아서 그냥 자는 습관을 반복하다 보면, 하루 정도는 좀 늦게 일어나도 된다고 생각하는 사람이 될 수 있다는 이야기다.

생각보다 우리의 삶은 작고 사소한 행동과 일치된 공식으로 작동한다. 최대한 작은 약속부터 지키는 것이 더 큰 약속을 깨지 않는 가장 좋은 방법이다.

그런데 이렇게 좋은 습관을 지켜가기 어려울 때 도움을 받을 수 있는 팁이 하나 있다. 바로 내 주변 환경을 바꿔보는 것이다. 여행지에 가면 평소보다 일찍 일어난다든가, 기숙사에 들어가면 이전보다 규범을 더 잘 지키게 된다든가 하는 변화를 느낄 때가 있다. 환경의 변화를 통해서 내 행동이 생각보다 쉽게 바뀌는 걸 알게 되는 경험들이다.

심리학자 쿠르트 레빈Kurt Lewin은 20세기 초에 사람과 환경 사이의 상호 관계에서 행동이라는 결과값이 나타난다는 공식을 발표했다.

$B=f(P,E)$
B: 행동, P: 사람, E: 환경

이 함수를 보면 습관을 바꾸기 위한 단서를 찾을 수 있다. 바로 환경의 입력값을 바꿔보는 것이다. 특히 시각적으로 느낄 수 있는 환경 변화가 우리에게 큰 영향을 미친다. 오감을 느낄 수 있는 인간의 신경계에는 약 1,100만 개의 수용체가 있다고 한다. 그런데 그중에서 1,000만 개가 시각적인 자극을 포착한다. 즉 우리의 뇌는 시각적 자극과 매우 밀접하다는 것이다.

왜 흔히 소셜 미디어가 해롭다고 할까? 그저 보는 것뿐이지만 시각적으로 노출되는 콘텐츠가 실질적으로 나의 사고나 행동에 큰 영향을 미치기 때문이다. 좋은 사진이나 글을 많이 보는 것이 내가 좋은 방향으로 행동하는 데 영향을 주듯이 소셜 미디어를 통해서 보는 세상이 상대적 박탈감을 불러일으키거나 그로 인해서 나의 자존감을 떨어뜨리기도 한다.

반대로 시각적 자극을 잘 이용하면 이를 통해 행동에도 변화를 이끌어낼 수 있다. 이를테면 약을 먹기 쉽도록 약병을 눈에 잘 보이는 식탁 위에 올려두는 것도 환경 변화를 통해 행동을 변화시키는 하나의 방법이다.

나의 경우 아침마다 슈퍼모닝 루틴을 촬영하다 보니 촬영하는 것이 귀찮아서 아침에 일어나기 싫은 기분이 들 때가 있었다. 그럴 것 같으면 전날에 미리 촬영 카메라를 세팅해두고 잤다. 유난히 피곤한 날에는 알람을 맞춘 휴대폰을 거실에 가져다 두고 자기도 했다. 물리적으로 움직일 수밖에 없는 환경을 조성하는 것이다. 양치를 바로 할 수 있게 치약과 칫솔을 침대 옆에 가져다놓는 것도 방법이었다. 이렇게 심리적으로 아침 루틴을 하기 싫게 만드는 요소에 대해서 환경적인 요인으로 솔루션을 찾았다.

강한 동기 부여를 위해서 시각적인 환경을 일부러 조성해보는 것도 좋다. 내 침대 위에는 눈 뜨자마자 보이는 곳에 가짜 1조 달러 모형과 내가 살고 싶은 베벌리힐스 집 사진이 붙어 있다. 내가 원하는 것이 바로 눈앞에 보이는 환경을 만들어두면 시각적으로 틈틈이 자극이 되어준다. 아무리 의지를 가지려고 해도 잘 안 될 때는 이런 물리적 방법을 이용해서 환경을 바꿔보는 것도 추천한다.

다만 오해하면 안 되는 점은 환경이 변화에 유용하게 사용될 수는 있지만 그렇다고 나를 제약하는 요인은 아니라는 사실이다. 설령 자신이 처한 환경이 안 좋거나 이를 바꾸기 어렵다고 해서 변할 수 있는 여지가 없는 것은 아니다. 기본적으로 의지는 환경을 이길 수 있다. 어떤 좋은 조건이나 도움을 받을 수 있는 도구와 관계없이, 자신을 바꿀 수 있다는 믿음이 모든 변화의 전제다.

02.

상태창으로 관리하고
퀘스트로 레벨업하라

정량화를 통해
추세를 확인하는 방법

꾸준한 슈퍼모닝을 통해 각자 계획하고 관리하고자 하는 영역과 KPI가 있을 것이다. 이를 보다 효용성 있게 관리해가고 싶다면 구체적으로 정량화하는 단계로 넘어가야 한다. 지금의 나는 매일 수행하고 있는 각 카테고리의 과업들을 굉장히 세분화된 지표로 기록한다. 그래서 내가 하루 동안 무엇을 성취했으며 그로 인해 어느 정도의 레벨에 이르렀는지 매일 아침마다 확인하는 것이다.

처음부터 많은 지표를 체계적으로 체크하지는 않았다. 그래프로 만들어서 가장 보기 쉬운 엑셀에 만족도 점수 등 수치화할 수 있는 부분만 간단하게 기록해 트래킹하고, 나머지는 그냥 메모장에 적었다. 이걸 하느라고 뇌에 과부화가 오면 안 되기 때문이다. 자주 쓰는 수첩이나 손이 잘 가는 종이 노트, 메모장, 앱, 무엇이든 편한 걸로 기록하면 충분하다. 차트를 예쁘게 만드는 것 자체가 중요한 게 아니라 실행할 수 있느냐의 관점에서 접근해야 한다.

초반에는 최대한 심플하게 한두 개의 지표만 설정해보자. 나는 아예 한 달치 포스트잇 30개를 붙여서 매일 O, X만으로 체크해본 적도 있다. 일본어 학습지를 구독한 적이 있는데, 커리큘럼에 이미 정해진 분량이 있기 때문에 몇 페이지를 공부했는지까지 신경 써서 기록할 필요는 없었다. 그래서 포스트잇을 일곱 장씩 네 줄 붙여두고, 그날 학습지를 했는지 안 했는지만 바로 보이도록 체크했다. 정해진 분량이 없다면 스스로 정하면 될 것이다. 하루에 책을 100페이지 읽기로 했다면 아침에 30페이지 읽고, 차에서 오디오북으로 30페이지를 읽고, 또 자기 전에 나머지를 읽은 다음 포스트잇에 완료 표시를 하는 식이다. 계획에 있던 일을 수행했는지 아닌지만 체크하는 것도 의미가 있다고 판단한다면 이 방법이 가장 쉽고 직관적이다.

이미지를 구체적인 숫자로 변환하라

이런 방식에 익숙해지면 계획을 세우기 위해 트래킹했던 방식과 마찬가지로 엑셀에 정량적인 수치를 입력하여 그래프로 관리하는 것을 추천한다. 처음에는 단순히 만족도만 체크하거나 실행 여부만 체크하면서 심플한 지표를 사용했다면, 나중에는 의미가 있는 지표들을 조금 더 세분화할 수 있을 것이다. 이를테면 학습하는 시간과 분량을 함께 체크하는 것이다. 지표가 늘어나면 자신의 능력치가 어떻게 변화하고 있는지 더 입체적으로 잘 파악할 수 있게 된다.

하루 10시간 동안 100페이지를 공부했고, 다음 날은 10시간 동안 110페이지를 공부했다고 하자. 시간과 분량을 체크하고 있다면 두 개의 그래프가 나올 것이다. 그렇다면 하루의 공부량에 대해 자신의 역량을 바탕으로 적절하게 계획해갈 수 있다. '오늘 10시간 공부했으니까 내일은 11시간도 할 수 있겠네'라는 목표가 아니라, '하루 10시간에 100페이지가 아니라 110페이지를 할 수 있는 날도 있네? 그럼 하루 105페이지로 목표를 상향해야겠다'라는 구체적인 목표를 세울 수 있게 되는 것이다. 즉 트래킹한 결과를 바탕으로 계획을 세우고, 지표의 추세를 보며 그 계획을 수정해가는 식으로 나아가면 된다.

이때 처음의 세팅값도 중요하다. 자연과학에서는 실험 설계라는 과목이 따로 있을 정도로 처음에 어떻게 세팅값을 설정하는지가 이후 결과에도 영향을 미친다. 목표를 향해 갈 때 체크해야 하는 것들 중에서도 자신이 효능감을 느낄 수 있는 지표부터 시작해보길 권한다. 예를 들어 공부하는 학생이라면 공부 시간을 지표로 쓸 수 있을 텐데, 나라면 이를 과목별로 나누어서 적을 것 같다. 그리고 과목별로 각각의 추세를 확인해나가는 것이다.

시간이 아니라 페이지로 설정할 수도 있고, 둘 다 할 수도 있겠지만 처음에는 여러 가지를 체크해나가기 어려우니 한 가지 지표만 설정하는 것이 좋다. 다이어트하는 사람이 식단과 운동을 둘 다 하기는 어려운 것처럼, 한 가지도 적응이 안 되었는데 두 마리 토끼를 다 잡으려다 보면 결국 포기할 수 있기 때문이다. 그래서 정량화할 수 있는 지표를 최대한 간략하게 정리하는 것으로 시작하되, 그것들이 좀 발전되면 몇 가지 지표를 추가해서 좀 더 세밀하게 관리하며 KPI에 다가갈 수 있도록 한다.

정량화하는 것보다 정성적으로 체크하는 것을 선호하는 사람들도 있다. 예를 들면 엑셀이 아니라 메모장을 쓰

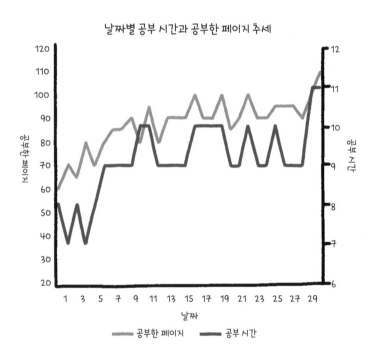

날짜별 공부 시간과 공부한 페이지 추세

슈퍼모닝

는 것이다. '운동을 30분 했고, 만족스러웠지만 조금 뻐근하다.' 이런 일기 형태가 나쁜 것은 아니지만 그래프가 없어 추세를 알아채기는 쉽지 않다는 게 아쉬운 점이다. 물론 기록하지 않는 것보다는 낫지만 눈에 직관적으로 보이는 편이 훨씬 와닿을 것이다.

능력치를 확인하는 상태창을 만들어라

게임을 해보면 내 캐릭터의 능력치를 확인할 수 있는 '상태창'이 있다. 웹툰이나 웹소설에서 주된 소재로 다뤄지는 각종 회귀물의 공통점은 게임에서 차용한 상태창이 주인공의 시야에 나타난다는 것이다. 상태창은 주인공이 자신을 포함한 모든 등장인물의 능력치나 특이점을 파악할 수 있는 강력한 '치트키'가 된다. 상태창 없는 영웅은 없으며 상태창이 주인공을 영웅으로 만든다.

그렇다면 이를 게임적 요소가 아니라 효용적인 측면에서 생각하면 어떨까. 현실의 우리에게도 상태창이 있다면 회귀물의 주인공 같은 뛰어난 능력을 발휘할 수 있지 않을까? 상태창이 보인다면 우리는 스스로의 능력치가 어떻게 향상되고 있는지 매 순간 점검해볼 수 있을 것이다. 어떤 미션이 주어졌을 때 내 역량을 파악해 자신 있게 임할 수 있고, 설령 어려운 미션이 나타나도 내가 지금부터 어떤 능력을 더 발전시켜야 그것을 해낼 수 있는지 가늠할 수 있다.

자신이 수행한 과업을 정량적으로 체크해나가는 것의 또 다른 이점은 이러한 상태창을 만들 수 있다는 점이다. 상태창은 생산적인 활동을 누적적으로 쌓아가고 발전해가는 정도를 한눈에 볼 수 있는 성장 기록이자, 슈퍼모닝을 통해 우리 삶을 체크해가며 생성할 수 있는 궁극적인 핵심 스킬이라고도 할 수 있다.

최근에는 운동을 할 때 웨어러블 디아비스를 착용하면 내가 몇 분이나 운동을 했고 몇 칼로리를 소모했는지 수치로 모두 체크해준다. 그 기록을 보고 뿌듯함을 느껴 운동을 이어나갈 원동력이 되었던 경험이 있을 것이다. 이는 결국 내가 어떤 것을 얼마나 수행했는지가 내 경험치로 분명하게 쌓이고, 그 결과값을 눈으로 볼 수 있다는 데 의의가 있다.

군주

신체 건강의 기사

신체 건강의 기사(HP) LEVEL	EXP (경험치)	등급	2023 LEVEL 목표
973	70	람보르기니	1100

신체 건강의 기사 (HP) LEVEL

기본 정보	크기	단위	측정 날짜
몸무게	74	kg	230718
키	183	cm	230718
체지방	10	%	230718
근육량	38	kg	230718

경험치 증가 항목	경험치 상승	증가	감소
유산소 운동	10	+	-
건강식	30	+	-
병원	50	+	-
피부 관리 (마스크, 피부과)	10	+	-
근력 운동	10	+	-
건강 검진	100	+	-
스트레칭	10	+	-
물 8잔	10	+	-
골프 연습	10	+	-

상태창을 관리하는 것도 마찬가지다. 예를 들어 신체 건강에 대한 하위 과업을 '유산소 운동 30분', '근력 운동 1시간', '하루에 물 8잔 먹기', '스트레칭하기', '건강식 먹기' 등으로 설정했다면 이를 한 번 수행할 때마다 각각의 경험치를 10씩 올려준다. 나는 엑셀에 이러한 템플릿을 만들고, 버튼 하나만 클릭하면 경험치 10이 자동으로 올라가도록 설정해두었다. 마치 게임 속 캐릭터가 된 듯이 내 능력치를 관리하는 것이다. 그렇게 모인 경험치 숫자만 봐도 내가 무엇을 성취했고 현재 어느 정도의 수준에 와 있는지 알 수 있다. 나의 활동으로 캐릭터의 능력치를 향상시키는 즐거움을 얻는 것은 덤이다.

단순히 지금 하고 있는 일을 점검하기 위해 메모장에 텍스트로 기록을 남길 수도 있겠지만, 그 인과 관계를 수치화하여 명확하게 체크하는 것과 그렇지 않은 것은 분명히 다른 결과로 이어진다. 그것이 바로 현실의 우리가 시각화할 수 있는 상태창이다. 상태창 그래프는 내 능력을 보다 정확하게 파악하고 빠르게 KPI에 도달할 수 있도록 하는 재미있고도 유용한 방법으로 활용할 수 있다.

언제 어디서든 상태창을 꺼내볼 수 있다면

반대로 상태창이 없는 것은 공부를 하면서 오답 노트를 쓰지 않는 것과 비슷하다고 볼 수 있다. 오답 노트를 정리하지 않는 사람보다 자신이 틀린 문제를 다시 들여다보는 사람이 공부를 더 잘할 수밖에 없다. 오답 노트를 쓰면 내가 못하는 단원에서는 개념 정리부터 채워가고, 잘하는 단원에서는 난이도를 높여가는 등 스스로에게 적절한 피드백을 줄 수 있기 때문이다.

하지만 틀린 문제를 다시 보고 싶지 않아서 계속해서 새 문제만 푸는 사람은 결국 자신이 아는 내용만 반복해서 접하게 된다. 공부를 하고는 있는데 중복되는 시간이 발생하는 것이다.

우리는 똑같이 한정된 24시간을 살아가는데, 어떤 사람은 부족한 부분을 채우면서 가고 어떤 사람은 잘하는 것만 반복해서 한다면 결과는 뻔하다. 마찬가지로 상태창이 없는 것은 내 능력치를 점검하지 않고 제자리를 반복해서 맴도는 것과 비슷한 결과를 낳을 수 있다.

상태창을 만들고 기록하면 내가 부진한 부분을 보완하고, 잘하는 부분은 그다음 레벨로 갈 수 있도록 보다 명확히 경험치를 쌓아나가는 데 도움이 된다. 메타 인지를 통해 누적적으로 발전할 수 있고 내가 가진 것들을 체계화하는 능력을 키울 수 있다. 매일 아침마다 내가 어제보다 얼마나 경험치를 쌓았는지 확인하고 상태창을 업데이트하자. 우리가 매일 성장하고 있다는 것, 목표가 조금씩 가까워지고 있다는 것을 눈으로 확인하는 것이다. 영웅들의 필수 스킬을 빌려와서 말이다.

게이미피케이션을
활용한 레벨업의 기술

　상태창이 생겼다면 우리는 이제 경험치를 모아서 레벨업을 할 수 있다. 게임 시스템을 빌려오는 것이 유치할 수도 있지만 우리의 삶은 실제로 게임과 많이 닮아 있을 수밖에 없다. 전문가들의 철저한 로직 아래에 지구의 물리 법칙과 인간의 욕망을 적용해 만들어지는 시스템이기 때문이다. 많은 사람이 게임에 중독되고 레벨업을 하고 싶어 하는 데에는 이유가 있다. 게임이 인간의 욕망을 자극하도록 디자인되어 있기 때문이다. 그렇다면 거꾸로 그것을 내 삶에 가져왔을 때 캐릭터의 성장만큼 엄청난 효과를 얻을 수도 있다는 뜻이다. 이를 가리켜 '게이미피케이션'이라고 하는 용어도 있다.

하루의 계획을 세우고 달성한 경험치를 누적적으로 기록하는 작업이 단순히 오늘 업무를 나열해 일지를 쓰는 것과 가장 크게 다른 점은, 바로 내 상태창을 업데이트하여 현재 레벨을 체크해나갈 수 있다는 부분에 있다. 나는 어떤 목표가 있을 때 그것에 도달하기까지 단중기적인 업적을 정해두고 그걸 달성할 때마다 의식적으로 레벨업을 해준다.

등산을 하러 가면 정상까지 몇 미터가 남았는지 알려주는 표지판이 있다. 목표 지점까지 내가 얼마나 도달했는지 알 수 있는 지표인 일종의 마일스톤이다. 업적을 만드는 것은 내가 도달하고 싶은 목표까지의 단기 지점을 나타내는 것으로, 중간중간에 작은 KPI들을 여러 개 설정한다고 보면 된다.

그래서 업적은 이루고 나서 체크하는 게 아니라 '자기가 먼저' 정하는 것이 중요하다. 예를 들어 기타를 배운다는 새로운 목표를 세웠다면 초반에 '매일 두 시간씩 연습해야지', '두 달 안에 한 곡은 완성해야지' 하는 작은 다짐을 할 것이다. 이것이 평소 우리가 생각하는 일종의 업적 개념이라고 볼 수 있다. 이것을 목표까지 가는 중간 업적으로 미리 정해준다면 이런 식으로 정리해볼 수 있다.

① 기타를 구매하고 학원에 등록했다.
② 한 달 동안 20시간을 연습해서 한 곡을 마스터했다.
③ '마룬파이브'의 '슈가'라는 곡을 원곡의 80퍼센트 속도로 완주할 수 있게 되었다.
④ 1년 동안 200시간을 연습했고, 총 다섯 곡을 연주할 수 있게 되었다.

이러한 퀘스트를 하나씩 깰 때마다 상태창에서 자체적으로 레벨업을 해주면서 실제 게임처럼 칭호를 붙여줄 수도 있을 것이다. 어느 레벨에 이르렀을 때 나 자신에게 '초급자', '중급자', '고급자' 등의 칭호까지 달아주면, 자신이 어떤 분야의 일을 하면서 대충 어느 정도의 스테이지에 와 있는지를 굉장히 직관적으로 가늠하게 된다.

사실 구체적으로 어떤 일을 몇 시간 동안 했는지 기억

하기는 어렵다. 나중에 돌아보면 목표를 달성했는지 아닌지의 결과적인 이분법만 존재하게 된다. 그렇게 되면 내가 중간에 쌓아왔던 과업들은 쉽게 잊혀져버린다. 최종적으로 다섯 곡을 기타로 연주할 수 있게 되기까지 중간에 거친 단계들이 뭉뚱그려지게 되는 것이다. 빠르게 결과가 나오지 않을 경우엔 내가 시간을 들였는데 뭘 했나 싶어 지치고 포기하게 되기도 한다. 그런데 이렇게 중간 업적을 만들어놓으면 실제 내가 해온 노력들을 인지하면서 목표로 나아갈 수 있다.

재미있어야 계속 할 수 있다

무슨 일을 할 때 막연하게 '열심히 해야지' 혹은 '성공해야지' 하고 열정과 의지를 가질 수도 있다. 그런데 마치 통장에 1억을 모으겠다는 결심을 하고 꾸준히 적금을 쌓아가다 보면 커지는 숫자에 돈 모으는 재미를 느끼게 되는 것처럼, 구체적인 목표와 그것을 향한 정량적인 수치가 있을 때는 또 다른 의욕과 재미를 느낄 수 있다.

나의 경우에는 내 신체에 대해서도 상태창의 수치에 따라 레벨업의 개념을 부여해준다. 나는 최종적으로 내 신체의 잠재적인 능력을 모두 개방하는 것이 목표다. 목표에 이르기까지의 레벨업은 자동차에 비유해서 생각해봤다. 이를테면 지금은 아반떼 정도니까 내 몸은 전체 인구 그래프에서 어느 정도 지점에 위치할지 가늠해보는 식이다. 지금은 오래 운동을 해왔기에 포르쉐 정도는 된다고 생각한다. 언제든지 새로운 도전을 할 수 있을 만큼의 체력이 된다고 느끼기 때문이다. 또 앞으로 내 몸을 람보르기니처럼 만들고 싶고, 그다음에는 제트기가 될 것이라는 식으로 머릿속의 레벨업 단계를 설정하면 그 단계에 이르렀을 때 자신의 성취를 확실히 인지하게 된다. 막연하게 운동을 계속하는 것은 지지부진하고 힘들 수 있는데, 이처럼 나의 달성 정도를 정량화하고 레벨업해가는 것이 나에게는 꽤 도움이 됐다.

더불어 이 기준을 정할 때는 사회적인 기준과 동기화될 필요가 전혀 없다. 개별적인 목표에 따라서 자기 스스로 이 정도면 초급, 이 정도면 중급이라는 기준을 정해보는

슈퍼모닝

걸로 충분하다. 업적 시스템은 오로지 자신의 기량에 집중하는 것이다. 타인과 비교하는 것이 아니라 내가 이전에 비해서 이후에 얼마나 달라졌는지 스스로 알 수 있으면 된다. 발전적으로 성장하되 삶의 기준 자체를 타인과의 경쟁이 아니라 자신을 중심으로 둘 수 있도록 옮겨온다는 것이 가장 중요한 포인트다.

이처럼 하루의 계획을 세우면서 내가 달성하고자 하는 업적을 계속 만들어가다 보면 자연스럽게 내 인생 전반을 꼼꼼히 들여다보게 될 수밖에 없다. 내가 근본적으로 추구하는 것들이 무엇인지, 내가 어떤 능력을 레벨업하고 싶은지, 그걸 위해서 단계적으로 무엇을 해나가야 하는지를 더 구체적으로 알고 관리하게 된다. 이제부터는 정말 내 인생을 경영하는 한 명의 군주가 되는 것이다.

03.

지속적인 성장의 발판

학습의 가치,
새로운 것을 창출하는 단계

　대부분의 사람들이 슈퍼모닝에서 가장 처음 다루게 되는 것은 건강한 자신이다. 건강한 신체와 정신을 가지고 온전하게 잘 살고 싶다는 심플한 아이디어에서 시작하는 것이다. 그런데 매슬로의 욕구 피라미드를 보면 처음에는 가장 기본적인 의식주에 대한 욕구로 시작하지만 위로 올라갈수록 점점 자아 실현에 대한 욕구에 가까워진다. 마찬가지로 슈퍼모닝에서 반복되는 루틴과 계획을 지속해간다면 건강한 신체와 정신을 넘어 점점 더 많은 삶의 영역을 깊게 이해하고 컨트롤하는 단계에 이를 것이다.

　이때 우리가 원하는 것은 사업의 성공, 부의 창출, 인간

관계의 안정 등 사람마다 다를 수 있다. 하지만 대부분은 '새로운 무언가를 창출하는 단계', 즉 가치 창출을 위해 내 삶을 설계해가고 싶은 욕구를 느끼게 된다. 그리고 이때 반드시 거쳐야 하는 단계가 바로 '학습'이다.

이미 관심 있는 분야나 뚜렷한 비전을 가지고 있다면 당연히 그와 관련된 지식을 쌓아야 할 것이다. 설령 아직 무엇을 추구해야 할지 잘 모르는 상태라도 마찬가지다. 그럴수록 더더욱 학습을 통해 세상을 읽는 눈을 길러야 한다. 내가 어느 정도의 얕은 지식이라도 갖추고 있지 않으면 하고 싶은 일이 있어도 정확한 목표를 설정하는 것 자체가 어려울 수 있다.

어릴 때 장래희망을 적으라고 하면 선생님이나 과학자 등으로 중첩되는 경우가 굉장히 많았다. 막상 성인이 되어 사회에 나와보면 시야가 넓어지면서 생각하지도 못했던 다양하고 세분화된 직업이 있다는 걸 알게 된다. 다양한 삶의 군상을 접할수록 내가 어디에 흥미가 있는지 알게 될 기회도 많아지는 것이다.

자신의 뚜렷한 비전이나 목표가 있다면 슈퍼모닝은 그 길을 향한 더 효과적인 발판이 되어주겠지만, 아직 목표가 없어도 괜찮다. 아무것도 하지 않는 것이 아니라 여러 경험과 학습을 바탕으로 시야를 넓힌 뒤에 선택하면 된다. 원하는 게 생겼을 때 그것을 향해 나아갈 수 있는 시스템을 준비해둔다면 언제라도 더 자유로운 선택을 할 수 있을 것이다.

나의 인프라를 구축하는 과정

새로운 가치 창출을 하기 위해서 학습은 필수적인 요소지만 문제는 학습하는 방법 자체를 잘 모를 수 있다는 것이다. 내가 추천하는 가장 유서 깊고 확실한 방법은 바로 독서다. 만약 부동산을 공부하고 싶은 사람이라면 물론 부동산 관련된 쉬운 지식부터 습득하려고 할 것이고 이를 위한 책들도 많이 나와 있다.

그런데 독서 습관이 잡혀 있지 않은 사람이라면 아무리

쉬운 책도 처음에는 잘 읽히지 않는다. 학습하는 방법에 대한 자기만의 시스템이 준비되지 않은 상태이기 때문이다. 나는 맨 처음에는 공부하는 방법에 대한 책부터 읽기 시작했다. 자신이 독서에 익숙하지 않다면 책을 잘 읽는 방법에 대한 책부터 읽는 것도 좋은 방법이다.

슈퍼모닝의 루틴에도 독서를 반드시 포함시켜야 한다고 하는 이유 중 하나는 책이 '인생의 다양한 주제가 잘 정리된 정수'이기 때문이다. 거의 모든 분야에서 나를 발전시킬 수 있는 지식과 정보가 요약되어 있다. 책의 저자는 대부분 저명하거나, 존경할 만하거나, 업적을 이룬 사람, 어떤 지식을 잘 정리할 수 있는 사람일 것이다. 그들이 그걸 압축해서 전달해주는 매개체가 바로 책이다. 천금을 주고도 아깝지 않을 지식을 가장 편리하게 접할 수 있는 기회인 셈이다.

그래서 책을 읽는 건 기업에서 인프라를 만드는 작업과도 비슷하다고 할 수 있다. 기업이 비즈니스를 해나가기 위해서는 지원 부서가 있어야 한다. 직원들에게 공간을 제공하고, 에어컨도 틀어주고, 월급도 밀리지 않고 지급해야 기업이 움직인다. 독서도 내 삶을 생산적으로 살아갈 수 있는 시스템을 구축하고 관리하도록 지원해주는 기본적인 인프라와 같다. 이렇게 책에서 세상의 수많은 분야에 대한 지식을 쌓을 수 있지만, 처음에는 독서를 통해 세상에 대한 기본적인 총론부터 파악해보기를 권한다. 얕더라도 전반적인 지식을 습득하면서 세상에 대해 깨닫는 단계를 거친다면 본격적인 다음 단계로 도약하기 위한 든든한 체력이 되어줄 것이기 때문이다.

독서를 통해 다양한 분야의 지식이 쌓이기 시작하면 근본적으로 삶에 대한 문제 의식을 가지고 의문을 던지게 된다. 공부를 아예 하지 않을 땐 공부할 게 없는 것처럼 느껴지는데, 막상 하기 시작하면 공부의 양이 엄청나게 많다는 걸 깨닫게 되는 것처럼 말이다. 마찬가지로 어떤 문제나 해당 분야에 대한 기본적인 지식이 있으면 더 구체적인 질문을 던질 수 있지만 그렇지 않으면 계속해서 대상을 피상적으로 바라보고 해석하게 된다. 아는 만큼 보이는 법인데 알수록 삶은 복잡하고, 학습을 거듭할수록 나에 대해서 알게 많아질 것이다. 그 자체를 깨닫는 것만으로도 중요한 의미가 있다. 그때부터는 자신을 발전시킬 수 있는 방법에 대해 더 능동적으로 고민하게 된다. 즉 주체성을 탑재하는 시작점에 도달한 것이다.

책에 담긴 삶의 정수를 내 것으로 만드는 방법

책을 읽는 속도는 책의 두께와 활자의 크기, 삽화의 양, 내용의 깊이에 따라 달라진다. 삽화가 많으면 활자의 수가 줄어드니 정량적으로 읽는 시간이 짧아질 수도 있고, 책의 난이도가 높아서 한 챕터씩 순차적으로 이해해야 하는 경우엔 분량이 짧아도 읽는 시간이 더 오래 걸리기도 한다. 또 물리적으로 생각하면 책의 크기 자체가 작을 땐 상대적으로 외부에 들고 다니면서 읽기 편하다 보니 책을 빨리 읽을 수 있는 요인이 될 수도 있다.

그렇다면 이런 모든 종류의 책을 망라해서 일정한 수준의 이해력에 도달하려면 몇 번쯤 반복해서 읽는 것이 좋을까? 책의 난이도와 상관없이 그 내용을 어느 정도까지 충분히 이해하기 위한 적절한 반복 횟수는 최소한 일곱 번이상이라고 생각한다. 전문가를 대상으로 쓰인 어려운 책이라고 해도 이 정도를 읽으면 그 내용을 어느 정도 이해할 수 있다는 것이다.

책을 다시 읽는 이유는 단순히 그 책이 그 당시 내게 주었던 정보가 좋았기 때문에 그것을 다시 얻기 위해서가 아니다. 우리가 어릴 때 별 생각 없이 읽었던 고전 문학을 성인이 되어 다시 읽으면 새롭게 와닿는 경험을 하게 된다. 여러 번 반복해서 독서를 하는 건 인생의 어느 시점에서나의 경험이나 특정한 환경, 그리고 시간이 맞닿는 지점에 새롭게 태어나는 지혜들이 있기 때문이다.

예전에는 밑줄 없이 지나쳤던 소소한 문장들이 큰 홍수처럼 나를 덮쳐 문제를 해결할 실마리가 되어줄 수도 있고, 예전에는 기적 같다고 믿었던 지식들이 지금은 더 이상 감흥이 없는 생명력 다한 문장이 될 수도 있다. 참고로 이때 자신의 생각을 과거 그 책을 읽었던 당시에 고정해두

는 것이 아니라, 그때 가졌던 생각을 비롯해 지금의 생각
이나 가치관 등 모든 것을 의심하며 마음을 열어두는 것이
새로운 지혜를 접하는 데 도움이 된다. 이렇게 일곱 번 이
상 같은 책을 읽으면 그 내용이 완전히 내 것으로 흡수되
어서 누군가에게 내 생각을 빈틈없이 완벽하게 정리해 토
론하거나 설명할 수 있는 수준이 된다.

책을 깨끗하게 봐야 좋다고 생각하는 사람도 있지만, 개
인적으로 책은 '텍스트가 미리 들어가 있는 노트'라고 생
각한다. 어떤 구절에서 생각나는 부분을 메모하거나 밑줄
을 긋고, 지난번에 중요하다고 생각했던 부분을 확인하고,
떠오르는 아이디어를 적어 필요할 때 다시 들여다볼 수 있
는 노트 말이다. 책에 있던 정보에 필기된 내용이 더해지
면 더 큰 정보량을 가지게 된다.

책을 깨끗하게 보면서 새로운 마음으로 다시 읽어보는
것도 물론 좋지만, 한정된 시간에 최대한의 아웃풋을 내는
것을 목적으로 한다면 책을 애초부터 노트처럼 여기는 것
도 좋은 방법이다.

나의 것으로 씹어 삼켜라

책에 담긴 지식을 내재화하는 또 다른 강력한 방법은 나만의 방식으로 정리해보는 것이다. 나는 한동안 아침 일찍 일어나 다른 활동은 하지 않고 오직 책만 읽었던 적이 있다. 그때는 책을 읽으며 떠오르는 생각이 있으면 밑줄을 긋거나 책의 귀퉁이를 접어놓고 나중에 다시 읽을 때 이 부분을 유심히 보거나 기억해야겠다고 생각했다. 아침 시간에 적당량의 새로운 정보를 보충하는 것만으로도 충분히 생산적인 활동이긴 했지만, 이것만으로는 그 내용을 누군가에게 완벽히 전달하거나 체계적으로 정리해서 기억할 만큼 내재화하지는 못했다.

그다음에는 책을 읽는 것에서 한 발자국 더 나아가 그 시간에 읽은 책의 내용을 딱 세 줄로 요약하기 시작했다. 여러 가지 좋은 내용이 있어도 어차피 아침에 읽은 모든 것을 기억할 수는 없기 때문에 나에게 인사이트가 되어주는 내용 위주로 요약했다. 책에 담긴 누군가의 생각을 정리하는 과정은 단순히 기존의 지식을 축약하는 작업이 아니었다. 내가 생각하기에 불필요한 정보는 걷어내고 심지어 재구성하는 작업도 필요했다. 드디어 단순한 독서를 넘어 나의 적극적인 생각이 개입하기 시작한 것이다.

그러고 나서는 책 내용을 정리한 세 줄을 보면서 다시 내가 느낀 점을 세 줄로 쓰기 시작했다. 내가 무엇을 느꼈고 왜 그렇게 느꼈는지에 대해서 적는 단계는 생각보다 많은 시간이 소요됐다. 어떤 사람의 글을 요약하고, 그 사람의 주장과 이론에 대해 내가 느끼는 것과 그 이유를 논리적으로 써나가는 행위는 더 이상 아침 시간을 생산적으로 보내게 해주는 단순한 아침 루틴이 아니었다. 이는 사람의 사고를 확장시켜 삶을 대하는 내 자신을 개선해가는 시간이다. 글을 읽는 것과 쓰는 것이 합쳐졌을 때 이제야 각각의 잠재된 가치가 시너지를 내어 발현되는 것이다. 그 인풋과 아웃풋이 가진 효용을 각각 10이라고 한다면, 그 두 가지가 함께 이루어질 때의 시너지는 100까지 높아질 수 있다.

독서를 자신의 삶에 내재화하고 책에 담긴 무궁무진한

정보를 습득하는 방법을 깨닫는다면 이는 우리를 발전시키고 문제를 해결할 수 있게 하는 엄청난 재화가 된다. 슈퍼모닝에서 이를 매일같이 반복한다면 얼마나 커다란 가치로 환산할 수 있을지는 설명할 필요도 없을 것이다.

양날의 검이
될 수 있는 도구, 아웃소싱

내가 삶의 전반을 열두 개의 영역으로 나누어 관리하고 있는 것은 언뜻 시간이 많이 들고 어려운 일처럼 보일 수 있다. 주변에서는 이걸 아침에 어떻게 다 하느냐고 묻기도 한다. 우리의 삶은 정말 다양한 요소로 이루어져 있지만, 동시에 우리가 과업을 처리하는 데 도움을 받을 수 있는 도구도 그만큼 많다. 기업에서 아웃소싱을 하는 것처럼, 개인의 삶에도 아웃소싱을 맡길 수 있는 곳이 존재하는 것이다. 구체적으로는 나 대신 일을 해줄 수 있는 각종 프로그램들 말이다.

우리가 매일 사용하는 컴퓨터나 스마트폰, 카카오톡, 노션, 엑셀, OTT, 아이클라우드 등이 모두 일종의 아웃소싱 파트너라고 볼 수 있다. 이는 목적에 맞게 사용하기만 하면 우리의 일상 속에서 필요한 일을 더 편리하게 처리할 수 있도록 많은 도움을 준다. 그런데 주의해야 할 점은 이러한 아웃소싱 툴이 때로는 오히려 우리를 방해하는 몬스터로 변할 수도 있는 양날의 검이라는 점이다.

예를 들어 넷플릭스는 내 인생에서 휴식과 오락의 영역에 콘텐츠를 가져다주는 좋은 아웃소싱 파트너다. 이때 내가 하루 중 어느 정도의 시간을 할당할 것인지 미리 결정해야 한다. 하루에 한 개 혹은 일주일에 두 개의 콘텐츠를 보겠다고 계획하고 이대로 수행하면 넷플릭스는 내 계획을 무너뜨리지 않는 훌륭한 아웃소싱 파트너의 역할을 다한 것이다. 하지만 아무 생각 없이 연달아 드라마 다섯 편을 보느라 그날 하려던 일을 하나도 하지 못했다면, 그건 아웃소싱 파트너가 내 계획과 루틴을 공격하는 몬스터가 되어버린 순간이다.

노션도 마찬가지다. 노션은 잘 사용하면 일정이나 프로

젝트를 정리하는 좋은 툴이 될 수 있지만 노션을 예쁘게 꾸미고 싶다는 욕구에 함몰되면 오히려 비효율적으로 일하게 되는 방해 요소가 된다. 물론 시각적으로 보기 좋게 만들면 좋겠지만, 내가 필요한 용도에 집중하기보다 그저 예쁘게 만드는 데 집중하다 보면 에너지를 절약하는 게 아니라 오히려 늘리는 일이 될 수 있다는 말이다.

특히 스마트폰은 엄청난 능력치를 가진 아웃소싱 파트너지만, 그만큼 몬스터로 바뀌면 폭주해서 내 삶을 잡아먹을 위험성도 매우 높다. 메신저로 필요없는 잡담을 나누거나, 갑자기 포털에 들어가서 뉴스를 한참 훑어보거나, 유튜브에 들어가서 의미없이 쇼츠를 넘겨보다가 몇 시간을 보내본 경험이 있지 않은가.

그래서 아웃소싱을 목적에 맞게 적절히 활용하는 것이 중요하다. 내가 어떻게 사용하느냐에 따라서 아웃소싱 파트너가 될 것인지 몬스터가 될 것인지가 결정되는 것이다. 자칫하면 내 삶을 움직이는 시스템 자체를 무너뜨릴 수도 있다.

일을 잘 맡기는 사람이 일을 잘하는 것

　나는 이러한 프로그램들을 다운로드받거나 구매하는 시점에서 나에게 필요한 외주 툴인지 아닌지를 명확하게 확인한다. OTT의 경우 그 안에 있는 어떤 콘텐츠가 필요할 때 구독하고 그것을 보고 나면 해지하는 식이다. 나에게 어떤 효용적인 의미가 있을 때는 아웃소싱 툴로 인정하지만 그렇지 않으면 내 삶에서 쫓아내는 것이다.

　또한 아웃소싱 툴의 사용 목적을 다 정리해둔다. 텔레그램은 회사 내의 커뮤니케이션과 프로젝트를 관리할 때, 카카오톡은 친구나 회사 외부와의 커뮤니케이션을 할 때 이용한다. 넷플릭스는 내가 보고 싶은 콘텐츠를 정리해서 보여주는 플랫폼이고, 아이클라우드는 사진을 외부 용량으로 저장하는 용도다. 반대로 원래 목적 이외로 사용하지 않는다는 원칙도 정했다. 넷플릭스는 보려는 콘텐츠가 없을 때는 켜지 않고, 맥북으로는 업무 외 온라인 서핑을 오래 하지 않는다는 식이다. 목적이 아닌 용도로 사용하는 시간이 길어질 때 아웃소싱 툴은 몬스터가 된다. 아웃소싱 툴을 무분별하게 쓰고 있는 상황이라면 각각의 목적을 한 번쯤 정리해서 적어보자. 자칫 몬스터가 될 수 있는 이유, 그리고 나에게 효용 가치가 있는 부분에 대해서 말이다.

아웃소싱이 내 삶을 방해하지 않도록 잘 관리하기 위해서는 일단 내가 지금 어떤 툴을 사용하고 있는지 인지한 다음, 그 측면에서 내가 사용하는 아웃소싱 툴의 목적을 생각해 계획에 포함시켜보는 것도 좋다. 내가 아웃소싱 툴을 파트너로 삼고 있는지 몬스터로 만들었는지 의식적으로 트래킹하면서 추적해보고, 스마트폰이나 OTT 등을 얼마나 사용할 것인지 미리 계획하는 것이다. 휴대폰에서 스크린타임을 체크할 수도 있고, 그 데이터를 실제로 엑셀에 입력해 추이를 확인해보는 것도 방법이다. 그렇게 아웃소싱 툴을 나의 목적에 맞게 이용할 수 있도록 하면서 한편으로는 자신의 자제력 레벨을 올려가는 것도 하나의 재미가 될 수 있다.

특히 초반에는 계획이 흐트러지지 않도록 나를 방해하는 것들에 대해서 충분히 인지하고 있는 것이 중요하다.

방심하고 있다가는 몬스터에게 당할 가능성이 높으니 적어도 미리 의식하고 방어해두는 것이다. 물론 현재 나타나고 있는 몬스터를 다 무찔러도 어느 순간 또 새로운 몬스터가 생길 수 있다. 그때도 마찬가지로 그것을 인지하고 다시 대처해나가면 된다. 내가 인생을 경영하는 군주로서 주도권을 갖는 것이다.

슈퍼모닝

목표 조정과
조직 개편의 시기

    사람이 일관적으로 어떤 일을 지속해나가기 힘든 이유는 나를 둘러싼 모든 상황이나 환경이 항상 일관적이지 않기 때문이다. 하루에 두 시간씩 운동하겠다는 목표를 세웠던 당시에는 목표를 이루기 위한 환경이 조성되어 있었을 수 있다. 그래서 그때는 앞으로 환경이 어떻게 변할지에 대해서는 크게 고민하지 않았을 것이다. 하지만 실제로는 대부분의 사람이 신체나 정신적인 문제, 직장에서의 갈등, 친구나 연인과의 관계 등 일상에서 바뀔 수 있는 각종 변화 요소에 노출되어 있다.

    이러한 많은 변수에도 불구하고 처음에 세운 목표를 계

속해서 유지할 수 있는 방법은 자주 목표를 점검하는 것이다. 나는 이것을 '조정Calibaration'이라고 한다. 미사일을 개발할 때 조준을 하기 위해 아무리 정확한 시스템을 개발해내도 어느 순간 온도, 습도, 시스템 오류 등의 이유로 궤도가 변하기 마련이다. 그래서 그 조준 시스템을 현재 상태에서 최적화되도록 조정하는 작업이 필요하다. 삶의 목표를 점검하여 현재 상황에 맞춰 최적화하는 것도 이와 같은 맥락이다.

보통 다이어트를 할 때 초기에 살이 잘 빠지는 효과적인 루틴을 찾았다고 하더라도 어느 정도 다이어트에 성공하고 나면 효과가 줄어드는 것을 경험할 수 있다. 예전보다 몸에 근육이 붙고 체지방이 빠지면서 내 몸이 변했기 때문이다. 그 몸을 유지하고 발전시킬 수 있는 다음 단계의 루틴, 즉 몸의 변화에 맞춘 새로운 다이어트 방법이 필요하다.

우리가 어떤 목표나 계획을 세웠을 때도 마찬가지다. 처음 세운 목표는 일정하지만 지금 나의 상황이 변했다면 그 목표를 달성하기 위한 요소를 다시 점검해나가야 한다. 목표가 일정하다고 상황도 항상 일정할 것이라는 기대가 우리를 일정한 목표로 이끌지 못하는 것이다. 오히려 일정한 목표를 이루기 위해서는 더 자주 분주하게 점검하고 조정의 시간을 가져야 한다.

이를테면 자신이 생각보다 책을 많이 읽을 수 있다면 책 읽는 분야나 권수를 확대해보면서 목표 지점을 조금씩 변동해나가는 것이 좋다. 즉 기존 목표를 수월하게 달성할 수 있을 때는 유동적으로 목표를 상향 조정해나가는 것이다. 보통 기업에서도 새로운 파트너가 생기거나 새 매출이 발생했을 때 목표를 새롭게 조정한다. 기업에서는 당연하게 일어나는 일인데 개인은 잘 하지 않는 경우가 많다.

못할 때가 아니라 잘할 때 변화해야 한다

목표를 바꾸는 시점은 생각보다 퍼포먼스가 잘 나지 않을 때가 아니라, 생각보다 퍼포먼스가 더 잘 나고 있을 때라는 점을 기억해야 한다. 잘 되지 않을 때는 목표를 절대

하향 조정하지 않고 그대로 고정시켜둔 뒤 어떻게든 방법을 찾아야 한다. 물론 목표가 벅차게 느껴질 수 있지만, 목표를 하향 조절하다 보면 오히려 점점 그것을 달성하기 어려워진다. 자신과 타협하는 습관이 생기기 때문이다. 나는 목표가 버거울 때에도 그 목표로 갈 수 있는 창의적인 방법을 계속 생각해본다. 지혜로운 사람은 창의적인 것과 관련이 있다. 세상은 가지고 있는 것이 많다고 해서 다 성공하는 게 아니라 제약 사항이 많더라도 창의성을 발휘해서 가능한 구조를 만들어가는 사람이 성공하는 것처럼 보인다.

　나는 보통 연말에 내 삶 전반에 대하여 이러한 목표 조정을 한다. 연초에 세운 계획이 있더라도 일 년 동안 실무적으로 내가 관리해가야 하는 부분들이 서로 오버랩되거나 달라졌을 수 있다. 그래서 여느 때처럼 슈퍼모닝의 시간에 내가 관리하고 있는 각 영역들의 목표를 재조정하고 관리해야 하는 영역을 재편성하기도 한다. 목표를 조정하면서 기존에 관리하던 부분에도 빈 공간이나 겹치는 부분이 생길 수 있기 때문에 이를 확인하고, 또 필요에 따라 영역을 넓혀가기도 해야 한다.

꼭 연말이 아니더라도 나름의 기준에 따라 중간중간 전반적으로 체제를 점검해주는 것이 좋다. 특히 자신의 가치관이 크게 바뀌었거나 인생의 게임 체인저가 나타났을 때는 기존의 시스템이 새로운 영역을 커버하기에 부족할 수 있다.

이런 과정을 반복하면서 궁극적으로 우리는 인생의 영토를 점점 넓혀갈 수 있게 된다. 영토는 더 풍요로워지고, 아름다워지며, 내가 주도권을 가지고 발전시킬 수 있는 무한한 가능성의 땅이 될 것이다. 이는 우주 속 작은 점 같은 존재였던 내가 하나의 우주를 만들게 되는 방법이다.

04.

슈퍼모닝,
삶의 가이드라인을 찾는 도구

사람에게도 도큐멘테이션이 필요하다

우리는 어떤 사람을 떠올릴 때 보통 '이름'을 먼저 떠올린다. 그런데 주변에서 개명하는 사람들을 보면서 문득 이런 생각이 들었다. 이름을 바꾸면 그 사람의 본질이 바뀌는 것인가? 물론 그렇지는 않다. 그러면 어떤 사람을 이야기할 때 우리는 무엇을 바라봐야 할까. 나의 본질을 이루고 있는 것은 무엇일까? 생각해보면 여태껏 내가 살아온 모든 시간이 쌓이고 엮이면서 나라는 존재를 차근차근 만들어왔을 것이다. 그런데 우리는 그것들을 대부분 잊어버린다.

사람은 매일 조금씩 망각하고 리셋되는 존재다. 스트레

스, 슬픔, 고통도 리셋되어 내일을 살아갈 수 있게 된다. 그런데 반대급부를 한번 생각해보자. 만약 어제 달성한 과업이 기억나지 않으면 오늘 똑같은 일을 반복해서 재실행하게 될 것이다. 그러면 매일 조금씩 발전하는 것이 아니라 같은 단계를 계속 반복하고 머물러 있게 된다. 무서운 말이지만 실제로 우리는 삶의 많은 영역을 무의식적으로 흘려보내고 있는 경우가 많다. 자신의 역량을 모르다 보니 어떤 일을 하는 데 계획을 짜기가 어렵고, 내가 어느 정도의 수준에 도달했는지 모르기 때문에 목표가 있어도 그저 막연하고 멀게만 느껴진다. 그래서 때로는 익숙한 일을 반복하면서 제자리를 맴도는 것이다.

목표를 향한 하루하루의 노력이 지속적으로 쌓여야만 그 결과로 이어질 수 있는데, 목표를 달성할 때 자신이 수행해야 하는 프로세스를 정확히 알고 있는 사람은 드물다. 그래서 내가 어떤 노력을 통해 어떤 결과를 도출해낼 수 있는지 모른 채 막연하게 '열심히 해야지'라고만 다짐했던 경험이 적지 않을 것이다. 그리고 어느 정도 노력했다고 생각하는데 결과가 나오지 않으면 중간에 포기해버리는 경우도 생긴다. '열심히 했는데 잘 안 됐다'고 체념하는 것이다.

만약 어떤 기업에 10명의 직원이 있는데 뚜렷한 목표나 시스템이 없이 '우리 잘해보자'라고 의기투합한다면 어떨까. 실질적인 좋은 결과를 얻기 어려울 것이다. 설령 우연히 누군가가 좋은 성과를 냈다고 하더라도 시스템이 없으니까 다음에 똑같이 잘하기 어렵고, 또 주변에서 뭘 도와줘야 할지도 알 수 없다. 계속 성장을 해나가야 하는데 누적적인 데이터와 경험이 쌓이지 않는 것이다. 어제와 오늘이 그저 똑같다면 개인의 삶도 이렇게 흘러갈 수 있다.

어떤 프로젝트의 달성을 위해서는 얼마의 비용과 몇 시간의 노력을 들였는지 따져보며 진행 정도를 체크해나가는 방법이 목표 달성의 확률이 훨씬 더 높을 수밖에 없다. 그렇다면 이러한 시스템을 개인에게 적용한다면 어떨까. 내가 어떤 문제를 몇 번이나 고민했는지, 얼마나 시간을 들여서 어떠한 결과를 도출했는지 실질적인 데이터를 쌓아나가면서 성과 체크를 하는 것이다. 그렇게 되면 개인

차원에서도 '열심히 해보자'라는 다짐보다 훨씬 효과적으로 원하는 목표에 도달하는 방법을 찾을 수 있을 수 있을 것이다.

삶을 체계적으로 정리하자

성취와 발전적인 측면에서 보자면 자신의 본질에 대해 좀 더 정확한 관점이 필요하다. 그래서 나는 개인의 삶에도 도큐멘테이션이 필요하다는 생각을 하게 됐다. 슈퍼모닝을 통해 내 삶을 도큐멘테이션할 수 있는 시스템을 만들면서 실제로 나 자신의 능력이나 기간 내 목표 범위 등을 상당히 명확하게 파악할 수 있었다. 같은 단계를 반복하거나 재실행하는 일이 없어졌으며, 성취하고도 금방 잊어버린 것이나 놓치고도 놓친 줄 몰랐던 것들을 기억하게 해줌으로써 누적적인 성장이 더욱 빨라졌다.

어떻게 보면 누구나 한 번쯤은 작은 영역에서 매우 간단한 도큐멘테이션을 해보았을 것이다. 이를테면 운동을 매일 하면서 달력에 동그라미를 치거나, 완독한 책이나 영화에 대한 감상을 기록하는 것이 쌓여가면서 뿌듯한 마음을 느낀 경험과도 비슷하다. 다만 성장은 삶에서 보다 넓은 영역에 대한 누적적인 발전을 필요로 한다. 개인의 삶을 도큐멘테이션하는 것은 자신이 해낸 것들에 대한 성취감과 함께 이러한 발전을 지속하기 위한 원동력을 안겨주는 작업이다. 그리고 그것이 슈퍼모닝이 놀라운 변화로 이어지는 중요한 핵심 비법 중 하나이기도 하다.

하루에 한 번,
내 삶을 체크하는 주기

흔히 20대에는 시간이 20킬로미터 속도로 흐르고, 30대에는 30킬로미터, 40대에는 40킬로미터 속도로 점점 더 빨라지는 것 같다고들 한다. 시간이 빨리 간다고 느끼는 이유는 경험에 대한 기억 때문이다. 미국의 심리학자 데이비드 이글먼David Eagleman 교수가 실험자들을 대상으로 50미터 상공에서 번지점프를 한 뒤 그 시간을 재어보라고 했는데, 다들 실제 시간보다 더 긴 시간이 느껴졌다고 답했다고 한다. 강렬하고 새로운 자극을 주는 경험이 시간을 천천히 느끼도록 만들었기 때문이다.

나이가 들면서 새로운 경험이나 자극이 줄어들고 비슷

한 일상이 반복되다 보면 긴 시간이 뭉뚱그려져 대부분의 일들이 마치 없었던 일처럼 지워져버리기도 한다. 하지만 슈퍼모닝을 매일 반복하는 것은 이렇게 반복되는 일상에 매일 하나의 매듭을 만들어주는 일이다. 이렇게 나의 하루를 의식적으로 체크해나가다 보면 시간이 의미 없이 사라지지 않는다. 내 하루에 생각보다 많은 경험이 쌓이고, 또 내가 작은 성취들을 꾸준히 쌓아나가고 있다는 것을 알 수 있게 된다.

오늘 하루 50페이지의 책을 읽었고, 다섯 가지의 감사한 일을 꼽을 수 있었고, 10분 동안 스트레칭을 했다는 사소한 일상도 내가 하루하루 의식적으로 기록을 쌓아가면 나중에는 5,000페이지의 독서, 500가지의 감사한 일들, 100분 동안의 스트레칭이라는 커다란 성취가 된다. 또 하루를 온전히 푹 쉬더라도 아무 생각 없이 무기력한 하루를 보내는 것과 오늘 하루는 아무것도 하지 않고 쉬겠다는 의지를 가지고 시간을 할당하는 것은 다르다. 분명 침대 위에서 종일 휴식을 취했는데 밤이 되면 오히려 우울하고 무력해지던 적이 있지 않은가.

무엇보다 계획된 일정은 주기적으로 체크를 했을 때 생산성이 크게 증가한다. 실제로 내가 아침과 점심 식사 후 하루에 두 번 오늘 해야 하는 가장 중요한 일을 체크하는 일을 습관화했더니, 계획한 것을 달성해내는 비율이 기존보다 15퍼센트 정도 증가하는 것을 경험했다. 이 작업을 위해서는 나에게 맞는 일정 체크 주기를 설정해봐야 한다.

슈퍼모닝은 바로 그 주기를 매일 아침으로 정하는 것이다. 설령 어제의 일이 계획대로 이루어지지 않았더라도 초조한 채 일정을 되는 대로 빈 공간에 밀어 넣을 필요 없이, 오늘 아침에 다시 스케줄을 조정해서 해결하면 된다. 하루에 한 번이라는 짧은 주기로 빠르게 문제를 해결할 수 있다는 것을 알고 있기 때문에 당황하거나 허둥지둥할 필요가 없다.

가장 이상적인 주기를 찾아라

하루 업무를 체크할 때 오히려 그 주기를 매우 짧게 하려고 하는 사람도 있다. 1분도 허투루 쓰지 않기 위해서 한 시간마다 내 과업을 체크하겠다는 포부는 좋지만 사실상 자신의 역량 파악이 잘못된 것일 수 있다. 체크가 가능한 환경적 요소를 인지하지 못하다 보니 이상적으로 계획을 잡는 것이다. 물론 그런 과업이 필요한 일도 있다. 하지만 모든 일정을 시간 단위로 체크하다 보면 오히려 그 과정 자체에 함몰되어 내 에너지가 너무 소모되어버린다. 이 시스템을 효율적으로 적용하려면 지속 가능한 측면에서 내가 감당할 수 있는 수준을 파악해 과업을 체크해나가야 한다.

물론 반대로 일주일 단위, 한 달 단위로 계획을 세우거나 삶을 기록하고 돌아보는 것도 의미가 있다. 매주 월요일에 한 주의 계획을 세우고 다듬어봐도 좋다. 하지만 실제로 해보면 일주일 단위의 계획은 의미가 크지 않다는 것을 느끼게 된다. 특히 성인이 되고 나서는 학생 때보다 일주일 사이에 불규칙한 요소가 많이 발생한다. 갑자기 회식이 잡힐 수도 있고, 가정에 급한 일이 생길 수도 있다. 이렇게 내가 생각했던 계획이 이미 어그러진 상태로 일주일이 지나면 수정하고 보완할 타이밍을 놓치게 된다. 미리 대처했으면 조금 더 다른 방향으로 진행할 수도 있었을 텐데 말이다.

그래서 매일 아침, 하루에 한 번씩 내 삶을 체크하는 시간을 갖는 것이 필요하다. 이는 삶의 생산성을 높이는 동시에 자신이 향하는 길을 매 순간 한층 또렷하게 보고 나아갈 수 있는 방법이기도 하다.

메타 인지를 통한
폭발적인 성장

매일 아침마다 내 삶을 차곡차곡 계획하고 기록하며 도큐멘테이션했을 때 달라지는 것은 무엇일까. 가장 큰 이점은 자기 자신을 더 잘 알게 된다는 점이다. 내가 할 수 있는 것과 취약한 것, 목표를 달성하거나 어떤 문제를 해결하기 위해 어떤 과정을 거치는지까지 보다 객관적인 시각으로 자신을 바라보게 된다. 즉 내가 무엇을 알고 모르는지 알게 되는 '메타 인지'가 가능해진다는 의미다.

메타 인지는 10년 전만 해도 학술 용어로나 접했지만 지금은 많이 알려진 개념이 됐다. 어느 관련 연구를 보면 공부를 잘하는 학생과 못하는 학생의 암기 능력에는 별 차이

가 없었다고 한다. 그런데 공부를 잘하는 학생은 자신이
문제를 몇 개나 맞출지 기가 막히게 알고 있었다는 게 차
이점이었다. 즉 자기 능력을 인지하고 있는 것이 바로 메
타 인지라고 볼 수 있다.

모든 사람은 살아가면서 다양한 문제를 마주하게 되고,
그것들을 해결해나가야 한다. 고난 앞에서 얼마나 오래 머
뭇거릴지 혹은 아예 좌절해버릴지는 자신의 선택이다. 이
때 '문제가 있는 곳에 열쇠가 있다'는 마음가짐을 갖는 것
은 마치 100가지의 유용한 기술을 갖는 것과 같은 가치가
있다. 그리고 이러한 마인드 세팅에 적절한 메타 인지가
결합되면 엄청난 시너지 효과가 발생한다.

사람은 하루에 약 2,000번의 의사 결정을 내린다. 사소
한 것을 실행하는 작은 의사 결정에서부터 위험이 수반되
는 중대한 사안에 대한 의사 결정까지, 무의식적 그리고
의식적으로 행하게 된다. 그러한 수많은 의사 결정의 순간
에서 무의식적으로 '이건 너무 어려운데'라고 생각하는 사
람과 '이건 어떻게 해결할 수 있을까'라는 질문을 던지는

슈퍼모닝

사람은 각각 어떤 선택을 하게 될까? 많은 경우 후자 쪽이 더 높은 확률로 더 좋은 결정을 내릴 수 있을 것이다.

이때 자신의 가치관과 능력치를 깊게 이해하고 있는 메타 인지가 필수적으로 결합되어야 한다. 그렇지 않으면 단순한 낙관에 머물고 실질적인 해결책은 나오지 않을 수 있기 때문이다.

나를 가장 잘 아는 사람은 나

어떤 문제에 부딪쳤을 때 많은 사람이 매 순간 자신이 내린 결정이 최선인지 확신을 갖지 못하고 불안해하다가 그 결정을 타인에게 미루어버리는 일이 종종 발생한다. 두 가지 원인이 있을 수 있다. 첫 번째는 내가 이 결정을 내리기 위한 충분한 지식이 있는지 의문을 가진 경우, 두 번째는 문제가 너무 복잡하게 느껴져서 더 알아갈 자신이 없는 경우일 수 있다. 첫 번째가 메타 인지가 부족한 경우이며 두 번째는 실제로 문제의 복잡성이 높거나 문제에 대한 열쇠를 찾는 과정에 경험치가 부족한 경우다.

이를 해결하는 방법은 여러 가지가 있을 수 있지만, 가장 먼저 해야 하는 일은 어떤 일에 도전해서 자신의 한계점과 약점이 무엇인지 냉정하게 스스로 파악하는 것이다. 그리고 그것이 바로 메타 인지의 시작점이다. 약점이 무엇인지 정확하게 평가하고 나면, 이제 그것을 하나씩 채워나가는 작업을 시작하고, 다시 내 약점이 무엇인지 평가해보는 시간을 주기적으로 갖는다. 그럼 적어도 '내가 어떤 의사 결정을 하기 위해 충분한 지식을 갖고 있는가?'에 대해 의문을 가지는 시간은 줄어든다. 결과적으로 누군가에게 자문을 구할 때 확신을 갖게 될 수 있고, 반대로 자문을 구할 필요가 없다는 확신을 갖게 될 수도 있다.

나에 대해서 가장 잘 아는 사람은 결국 나 자신이다. 그리고 자신을 알기 위해서는 스스로와 마주하고 때로는 자신의 선택과 행동을 객관적으로 살펴볼 수 있는 지표가 필요하다. 내가 무엇을 할 수 있고 무엇을 어려워하는지 알 수 있도록 데이터를 쌓아나가고 체크하는 과정은 궁극적으로 메타 인지를 통한 폭발적인 성장 가능성을 열어준다. 이처럼 자신과 명료하게 대면했을 때 비로소 스스로도 몰랐던 잠재력까지 백분 발휘해낼 수 있을 것이다.

개개인에게 최적화된 방법으로 우리가 가야 할 길을 정확하게 안내해주는 슈퍼모닝의 기적을 반드시 경험해보길 바란다. 자신이 진정으로 원하는 이상적인 삶에 도달하는 것이 결코 불가능하지 않다는 것을 한 걸음마다 더욱 확신하게 될 것이다.

KI신서 11161

슈퍼모닝

1판 1쇄 인쇄 2023년 9월 8일
1판 1쇄 발행 2023년 9월 27일

지은이 여주엽
펴낸이 김영곤
펴낸곳 ㈜북이십일 21세기북스

콘텐츠개발본부 이사 정지은
인문기획팀장 양으녕 **책임편집** 이지연
디자인 THIS-COVER **교정교열** 박은지
출판마케팅영업본부장 한충희
출판영업팀 최명열 김다운 김도연
마케팅2팀 나은경 정유진 박보미 백다희 이민재
e-커머스팀 장철용 권채영
제작팀 이영민 권경민

출판등록 2000년 5월 6일 제406-2003-061호
주소 (10881) 경기도 파주시 회동길 201 (문발동)
대표전화 031-955-2100 **팩스** 031-955-2151 **이메일** book21@book21.co.kr

ISBN 979-11-7117-116-3 03320

(주)북이십일 경계를 허무는 콘텐츠 리더

21세기북스 채널에서 도서 정보와 다양한 영상자료, 이벤트를 만나세요!
페이스북 facebook.com/jiinpill21   포스트 post.naver.com/21c_editors
인스타그램 instagram.com/jiinpill21   홈페이지 www.book21.com
유튜브 youtube.com/book21pub

서울대 가지 않아도 들을 수 있는 명강의! 〈서가명강〉
'서가명강'에서는 〈서가명강〉과 〈인생명강〉을 함께 만날 수 있습니다.
유튜브, 네이버, 팟캐스트에서 '서가명강'을 검색해보세요!